예수는 누구인가

예수는 누구인가

초판 1쇄 발행 1998년 12월 25일
재판 1쇄 발행 1999년 1월 29일
재판 13쇄 발행 2013년 10월 1일

지은이/ 존 도미닉 크로산
옮긴이/ 한인철
펴낸이/ 김준우
펴낸곳/ 한국기독교연구소
등록번호/ 제8-195호(1996년 9월 3일)

한국기독교연구소
경기도 고양시 일산구 장항2동 730번지
우인아크리움빌 1322호 (우 410-837)
전화 031-929-5731, 5732(Fax 겸용)

이 책의 한국어판 저작권은 에릭 양 에이전시를 통한
HarperCollins사와의 독점계약으로 한국기독교연구소가 소유합니다.
이 책은 저작권법에 따라 한국에서 보호되는 저작물이므로
무단전재와 복제를 금합니다.

Who is Jesus? by John Dominic Crossan with Richard Watts
Copyright ⓒ 1996 by John Dominic Crossan with Richard G. Watts.
All rights reserved.
Korean Translation copyright ⓒ 1998 by Korean Institute of the Christian Studies. The Korean Translation rights arranged with the author c/o Harper Collins through Eric Yang Agency, Seoul.

ISBN 89-87427-03-X 04230
　　　 89-87427-06-4 (세트)

값 10,000원
파본은 교환해드립니다.

예수는 누구인가

역사적 예수에 관한 질문들에 대한 대답

존 도미닉 크로산 지음

한인철 옮김

1998
한국기독교연구소

WHO IS JESUS?

Answers to Your Questions about
the Historical Jesus

John Dominic Crossan
with Richard G. Watts
New York, NY: HarperCollins Publishers, 1996

Korean Translation by Han In-Chul

1998
The Korean Institute of the Christian Studies

차 례

<21세기 기독교 총서>를 발간하면서

감사의 말씀

서문: 왜 이 책이 필요한가? · 17

1장 왜 복음서를 읽는 것으로 만족할 수 없는 것일까? · 25

2장 예수는 하느님의 아들, 처녀 마리아의 아들인가? · 36

3장 세례 요한은 예수와 어떤 관계에 있었는가? · 60

4장 예수는 무엇을 가르쳤는가? · 82

5장 예수는 기적을 행하였는가? · 110

6장 예수는 새로운 종교를 창시할 생각을 갖고 있었을까? · 141

7장 누가, 왜 예수를 처형했는가? · 160

8장 부활절에 무슨 일이 일어났는가? · 194

9장 어떻게 우리는 예수로부터 그리스도에게로 이르게 되는가? · 216

<21세기 기독교 총서>를 발간하면서

　IMF 관리체제가 가져다 준 충격과 고통을 통해 우리는 "세계화 시대"의 허위와 타락을 은폐시키는 문화적 중독에서 깨어나, 한국사회의 구조적 모순뿐 아니라, 세계경제의 구조적 모순, 더 나아가 인류문명의 절박한 위기에 대해 눈뜨게 되었다. 세계경제의 구조적 불평등과 생태계 파괴로 인해 인류가 현재 "자멸의 벼랑 끝"에 서 있음을 분명히 깨닫게 된 것이다.

　세계인구 가운데 상위 20%가 1998년 현재 전세계 소득총액의 86%를 움켜쥐고 있는 반면에, 나머지 80%의 인구는 전세계 소득총액의 14%를 나눠먹기 위해 아귀다툼하는 현실에서 기독교는 과연 누구의 편인가? 가진 자들은 세계 곡식 총생산량의 47%를 가축의 사료로 사용하여 고단백질 육류 음식으로 배를 채우는 반면에, 다섯 살 미만의 굶주리는 어린이만 해도 2억 명이나 되며, 매일 4만여 명의 어린이들이 굶주림으로 죽어가는 현실에서 하느님은 어디에 계신가? 또한 매년 5만 종 이상의 생명체들이 이 우주에서 영원히 멸종되고 있어, 지질학적으로 지난 6천5백만 년 동안 생명체들이 가장 아름답게 꽃피워왔던 신생대가 끝나가는 상황에서 우리는 어떻게 "생명의 하느님"을 찬양할 수 있는가?

　초국적 금융자본을 머리로 하는 세계 자본주의 체제라는

새로운 레비아탄이 실직과 임금삭감이라는 무기를 통해 노동자들끼리 서로 싸우도록 만들어 "만인의 만인에 대한 투쟁"을 독려하면서 오늘날 가난한 사람들의 생사여탈권을 휘두르는 전능한 신으로 군림할 뿐 아니라, 교회와 성직자들을 포위하고 세계제패를 위한 심리적 전술로 교회를 이용하는 현실에서 기독교의 "복음"이란 무엇인가? 제국주의자들이 토지와 천연자원과 노동력을 착취하는 동안에, 그들과 함께 들어온 식민지 선교사들은 하늘과 땅, 영혼과 육체를 분리시키고, 가난도 하늘의 뜻이며, 재물은 신의 축복의 증거이며, 영혼구원과 저 세상(하늘)의 보상을 바라보도록 가르치고, 국가와 교회에 대해서는 무조건 복종할 것을 요구했던 것처럼, 오늘날에도 기독교는 여전히 선교사들이 물려준 식민주의 신학을 가르쳐 세계시장의 충실한 시녀로 남아있을 것인가? 더 이상 "세속적 금욕"(막스 베버)이 아니라 "세속적 낭비"(헬무트 골비처)에 의해 유지되는 오늘날의 자본주의 체제가 "무한 경쟁"이라는 이름으로 인간의 이기심과 경쟁심, 소비주의와 향락주의를 부추기고, 도덕적 심성과 협동정신을 파괴시키는 오늘날에도, 예수는 여전히 "세상의 빛"인가? 우리가 본받을 "존재의 영웅"(에릭 프롬)인가?

 21세기는 인류의 생존과 평화를 위한 문명전환의 마지막 기회가 될 것으로 보인다. 인간중심주의, 개인중심주의, 소유중심주의를 극복하고, 생명중심주의, 우주중심주의, 존재중심주의로 패러다임을 전환시키지 않는다면, 21세기는 짐승화(animalization)의 세계가 되고, 인류문명은 파국을 피할 수 없을 것으로 보인다. 그리고 기독교는 이러한 문명전환의 핵심이 되는 생명에 대한 우주적 각성과 자연의 생태학적 각성, 그리고 사회에 대한 공동체적 각성을 통해 "지속가능한 미래"를 보장하는 생명중심의 가치관과 비전을 제시해야 하는 과제를 안고 있다.

그러나 21세기의 문턱에서 한국교회는 양적으로 점차 쇠퇴하고 있으며, 질적으로는 사회적 신뢰성을 잃어가고 있다. 한국 갤럽의 <1997년 한국인의 종교와 종교의식>(1998)에 따르면, 한국의 비종교인들은 전체 인구(18세 이상)의 53.1%로서 세계에서 가장 높은 수준이지만, 이들 비종교인들 가운데 과거에 개신교 신자였다가 비종교인으로 이탈한 사람들이 73%에 이른다(불교 23.6%, 천주교 12%). 특히 젊은층과 고학력자 가운데 개신교를 이탈하여 비종교인이 되는 비율이 가장 높은 것으로 나타났다. 또한 비종교인들이 종교를 택할 경우 선호하는 종교는 불교 40%, 천주교 37%인 반면에, 개신교를 택하겠다는 사람은 22%에 불과한 것으로 조사되었다. 이런 사실은 한국교회가 21세기에는 유럽과 미국의 많은 교회들처럼 심각한 쇠퇴의 위기에 직면할 가능성이 매우 높다는 염려를 갖게 한다.

한국 개신교회가 이처럼 교회를 찾아온 사람들의 종교적 요청에 대해서조차 충분히 응답하지 못하여 많은 사람들이 교회를 떠날 뿐만 아니라, 대부분의 비종교인들로부터 가장 호감을 얻지 못하는 종교가 된 직접적 원인은 오히려 교회 내부에 있는 것으로 지적되고 있다. 즉 위의 갤럽 조사에서 "대부분의 종교단체는 참 진리를 추구하기보다는 교세확장에 더 관심이 있다"는 질문에 대해 "그렇다"고 응답한 사람들이 79.6%에 이른다는 사실은 위기의 원인이 교회 자체 안에 있음을 보여 준다.

특히 젊은층과 고학력자들이 교회를 떠나는 이유는 첫째로 한국교회가 지난 30년 동안 교회성장에만 몰두하여, 하느님의 뜻과 진리를 가르치고 실천하는 일은 소홀히 한 채, 개체교회 성장제일주의라는 자폐증을 앓고 있기 때문이다. 한국 개신교회가 평균적으로 전체 재정 가운데 3.88%만을 불우이웃돕기 등 교회밖의 사회봉사비로 사용하고 있다는 사실은 그 자폐증이 얼마나 심각한 상태인지를 여실히 보여준다.

둘째로 교회성장을 위한 반지성적 분위기와 비민주적인 구조를 갖고 있기 때문인 것으로 지적할 수 있다. 이것은 본질적으로 교회를 인간과 세계의 총체적 해방을 위한 하느님 나라 운동(movement)으로 이해하기보다는, 영적인 구원을 위한 기관(institution), 혹은 조직(organization)으로 이해하는 경향이 크기 때문이다.

셋째로 한국교회가 사회적 신뢰성을 잃게 된 것은 기복적이며 내세지향적인 신앙으로 인해 개인의 영혼 구원에 치중함으로써, 이 세상에서의 책임과 공동체적 의무가 약화된 때문이다. 한국교회가 하느님은 악을 미워하신다고 고백하면서도 일반적으로 사회적 모순과 구조악에 대해 무관심한 채 내면적 유혹과의 싸움에 몰두하는 이유는 바로 이 때문이다.

넷째로 예수 그리스도는 인간을 구원하기 위해 십자가에 달리심으로써 모든 죄악을 용서하시는 분으로 경배될 뿐, 우리도 이 세상 속에서 그리스도를 따라 살아가야 하는 삶의 모델로는 이해되지 않고 있기 때문이다. 믿음을 통해 구원받는다는 교리가 그 본래의 역사적 맥락에서 벗어나, 마치 불교에서 힘겨운 고행 대신에 손쉬운 염불을 택한 구원의 수

단처럼 되어버린 때문이다.

　다섯째로 오직 믿음으로만 구원받는다는 교리를 내세워, 맹목적으로 믿을 것을 강요할 뿐, 성서와 기독교의 진리에 대해 정직하게 이해하고 실천하기 위해 질문을 제기하는 것 자체를 불신앙적 태도로 매도하는 경향이 젊은층과 고학력자를 교회로부터 떨어져 나가도록 만드는 주요 원인으로 풀이할 수 있을 것이다.

　여섯째로 지난 30년간 국민들의 교육 수준이 급격히 높아짐으로써 교인들의 지적인 욕구도 더욱 왕성해졌지만, 한국교회는 일반적으로 아직도 교회 문턱에서 이성을 벗어놓고 교회 안에 들어올 것을 요구하고 있는 형편이다. 또한 "교리 수호"라는 미명 아래 성서에 대한 문자주의와 아전인수격 해석이 횡행하고 있다. 한국교회의 영성 운동조차 이처럼 개인주의적이며 비이성적이며 비역사적인 성서 해석에 기초함으로써, 성서와 기독교의 진리를 그 역사적 맥락과 단절시켰고, 우리의 신앙도 역사적 현실로부터 도피하도록 만드는 근본주의 신앙을 배태시키고 있는 실정이기 때문이다.

　더군다나 21세기 한국사회는 자본주의의 세계화와 과학기술의 발달로 인한 치열한 경쟁과 고실업 사회, 생태계의 파괴로 인하여 더욱 비인간적인 사회 문화 환경 속에 자리잡게 될 것이 분명하다. 이런 점에서 21세기에는 한국교회가 교회 중심주의와 개인의 영혼구원 중심주의, 기복주의적인 신앙과 근본주의 신학을 극복하고, 인간성과 공동체성을 회복하여 한국 역사 속에서 사회적 형평성을 확보하며 민족 통일을 위해 공헌할 것인지, 아니면 역사의 뒤안길로 물러날 것인지가 판가름날 것으로 예상된다.

이런 상황에서 <21세기 기독교 총서>를 발간하는 이유는 첫째, 인구의 절반이 넘는 비종교인들과 전체 인구의 70%가 넘는 비기독교인들에게, 그리고 자신들의 종교적 욕구가 충족되지 않고 있지만 아직 교회 안에 남아 있는 사람들에게 성서와 기독교의 진리를 정직하게 소개함으로써, 기독교 신앙에 대해 새롭게 이해하도록 이성적 발판을 마련하기 위함이다. 둘째로, 예수에 대한 이미지, 특히 그의 가르침의 의미를 정확하게 밝힘으로써, 21세기 한국의 기독교인들이 하느님의 뜻에 합당하게 살 수 있도록 돕기 위함이다. 지금 한국교회가 예수를 믿는 것이 곧바로 예수처럼 자기를 비우려고 노력하는 것임을 가르치지 않는다면, 인간의 영성과 주체성, 연대성을 파괴시키는 세속적 자본주의 문화와 근본주의 신학에 밀려, 점차 더욱 많은 젊은이들이 교회를 떠나게 되어, 한국교회는 붕괴를 자초할 것으로 예상되기 때문이다.

<21세기 기독교 총서>를 통해 비기독교인들이 기독교의 진리를 정직하게 이해하고, 한국교회는 질적인 성숙을 이룩함으로써, 한국 사회 전반의 저주와 죽임의 역사를 극복하고 생명과 축복의 새로운 세상을 만들어 가는 일에 크게 공헌하여 하느님께 영광을 돌릴 수 있게 되기를 기도한다.

"진리는 오로지 진리 그 자체의 힘으로만 인정을 받으며, 그 힘은 강하면서도 부드럽게 정신에 스며든다."
- 교황 바오로 2세의 회칙 "세 번째 천년을 맞이하며"에서 -

1998년 성탄절 주간에
한국기독교연구소에서 김 준 우

감사의 말씀

저자가 이미 펴낸 책들에 관해 독자들이 보내 준 수 백 통의 편지들을 정리하고 발췌하여 이 책에 인용할 수 있도록 편집해 준 새라 크로산 부인에게 감사를 드립니다.

또한 이 책의 집필 단계에서 이 책의 각 장들을 토의해 준 딕 와츠와 일리노이주 노말의 「새 언약 교회」 교인들, 특히 팻 아벨, 진 베이츠, 짐 보텔, 짐 보스웰, 줄리아 시스코, 레이딘 데이비스, 조엘 에릭슨, 윌레미나 에젠봐인, 콜린 활리, 로이드 활리, 앤 환스워쓰, 랜디 깁슨, 아니타 길모어, 할 길모어, 체리 그리자드, 줄리 자비스, 마이크 켈러, 오타 케이, 도로씨 리, 캐릴 렘크, 스킵 렘크, 팸 루이스, 딕 리모인, 메릴리 리모인, 신씨아 이쉬브룩 모러, 엘렉 메스닥, 빌 무난, 에드 네스팅겐, 로라 페드릭, 그웬 프루인, 짐 프루인, 베티 레데마커, 데이빗 레데마커, 짐 로더릭, 베라 로더릭, 진 로저스, 마가렛 러터, 러스 러터, 캐티 소이어, 개럿 스캇, 샌디 스캇, 조디 스튜어트, 제리 스토운, 주디 스토운, 빌 톨론, 캐씨 비텍, 로이드 왓킨스, 메리 왓킨스, 샬린 왓츠, 아트 화이트, 마크 와이먼 씨 등에게도 감사드립니다.

특히 캐씨 비텍은 이 토의에 참여하였을 뿐 아니라, 이 책을 만들기 위해 훌륭한 편집 기술을 발휘하였기에 감사를 드립니다.

서문

왜 이 책이 필요한가?

"학자가 예수 이야기들을 반박했다"는 제목(headline)의 신문 1면 머리 기사는 제가 최근에 중서부 대학 도시에서 강연한 것에 관한 내용이었습니다. 이 제목의 신문 기사는 그 후 6주 동안 편집자에게 보내는 「독자들의 편지란」에 불꽃 튀는 논쟁을 불러일으켰습니다. 그 편지 내용들 중에는 "그의 입장은 너무 동떨어진 것이기 때문에 그가 기독교인이라고는 믿지지 않는다."는 것에서부터, 저의 접근 방식이 "우리들의 20세기 상황에서 복음서들의 풍성함과 아름다움을 충분히 감지하게 만들어주는 방식"이라고 지적한 것들도 있었습니다. 그렇다면 도대체 이처럼 상반되는 평가들 가운데 저의 입장이란 어느 것일까요? 역사적 예수에 관한 저의 연구는 신앙에 위협이 되는 것인가, 아니면 저의 예수 연구가 오늘날의 사람들에게 신앙을 갖도록 도와주는 것인가요?

실제로 그 신문 기사의 제목은 저를 크게 오해한 것이었습니다. 저의 목적은 예수의 이야기들을 "이해"하기 위한 것이었지 "반박"하기 위한 것이 아니었기 때문입니다. 그 날 저녁 저의 강연 제목은 "35년간 역사적 예수 연구를 통해 제가 배운 것"이었습니다. 그것은 또한 이 책의 내용이기도

하구요. 이 책은 독자들로 하여금 1세기 유태인들의 상황 속에서 예수를 만나기 위해 저와 함께 여행하도록 초대하는 것입니다. 이 여행을 시작하기 전에 저에 관해서, 제가 어떻게 이 연구를 시작하게 되었는지에 관해서 간단히 말씀드리겠습니다.

저는 아일랜드의 작은 마을에서 자라났습니다. 1950년, 나이 열 여섯에 저는 세르비떼(Servites: "봉사") 수도회에 들어갔는데, 이 수도회는 13세기에 설립된 로마 가톨릭 수도회이지요. 13세기는 성 토마스 아퀴나스가 아리스토텔레스의 철학과 가톨릭 신학을 결합시킨 시대로서, 철학과 신학이 서로 모순될 것에 대해서는 전혀 염려하지 않았던 때였습니다. 아퀴나스는 이성과 계시가 똑같이 하느님의 두 가지 선물이라고 주장하였고, 우리가 이 두 가지 중에 어느 하나, 혹은 둘 모두를 오해하지 않는다면, 이 둘이 서로 갈등을 일으키지 않는다고 믿었던 것입니다.

저는 이런 확신을 가슴 깊이 간직하고 있었는데, 6년 동안 철학과 신학을 공부한 후 1957년에 사제 서품을 받게 되었을 때에도 그랬습니다. 사제로서의 저의 활동은 교구에서보다는 주로 도서관에서 이루어졌으며, 로마의 「교황청 성서 연구소」(Pontifical Biblical Institute)와 예루살렘의 「프랑스 고고학 학교」(French School of Archaeology)에서 연구할 수 있는 기회도 주어졌지요. 사제로서 저는 시카고 근방의 여러 대학들과 신학대학들에서 가르쳤습니다.

1969년에 저는 사제직과 세르비떼 수도회를 떠날 것을 요청하여 허락을 받았습니다. 제가 떠난 이유는 일차적으로 결혼하기 위해서였지만, 또한 사제로서 충실한 것과 학자로서 정직한 것 사이의 갈등에서 벗어나기 위해서였던 것도 사실입니다. 저의 환속(還俗)을 공식적으로 허락하는 바티칸 당국의 편지는 7월 4일자로 되어 있었습니다. 적절한 날짜였다고 생각합니다. 제가 교회에 대해 후회하는 마음과 분노를 품고 교회를 떠났느냐구요? 아닙니다. 제가 수도자였을 때나 사제였을 때나 저는 매우 행복했습니다. 제가 더 이상 행복하지 않게 되어 저는 떠났을 따름입니다. 이처럼 간단했던 일이었지요. 어떤 사람들은 교회를 떠나며 큰 상처들을 입지만, 저는 그렇지 않았습니다.

중세 시대에 설립된 수도회에서 생활하던 기간 동안에 저는 세 가지의 중세적 선물을 받았는데, 이 선물들을 저는 아직도 간직하고 있습니다. 첫째는 저의 이름으로서, 존은 저의 민간인 이름이지만, 도미닉은 제가 세르비떼 수도회에 가입할 때 받은 새로운 이름입니다. 둘째는 신앙과 사실, 계시와 이성이, 우리가 그 어느 하나, 혹은 둘 모두를 오해하지 않는다면, 서로 모순될 수 없다는 기본적인 확신입니다. 세번째 선물은 제가 그레고리안 챈트를 매우 사랑하게 되었다는 점인데, 제가 이 노래를 부르면 성가대가 엉망이 되곤 하였지요.

저는 1969년에 사제직을 떠나 시카고의 드폴 대학교(DePaul University) 교수로 옮겨갔으며, 1995년 명예교수로 은퇴할 때까지 그 대학에서 가르쳤습니다. 제가 종교적으로 논쟁을 불러일으킨 인물이었기 때문에, 제가 그 대학교에 그처럼 오래 동안 정교수로 머물러 있을 수 있었던 것은 순전히 드폴 대학교의 전통인 용기와 성실 덕분이었지요.

드폴 대학교 교수가 된 후에 저는 연구의 초점을 정할 필요가 있었습니다. 당시 신학대학에서 저는 예수의 비유들과 부활 이야기들을 가르치고 있었기 때문에, 저는 역사적 예수 연구에 초점을 맞추기로 작정하였습니다. 해마다 저는 예수의 특정한 측면들을 예수 자신의 역사적 맥락에서 연구하여 논문을 발표하였지요. 실제로 저는 아마도 이 세상에서 평생동안 역사적 예수 연구에만 일생을 바쳐온 유일한 학자일 것입니다. 물론 그렇다고 해서 제가 반드시 옳다고 주장할 수는 없는 것이지만, 적어도 저의 견해는 고려할 가치가 충분히 있다는 말씀입니다.

1985년에 저는 몬타나 대학교에서 은퇴한 로버트 펑크(Robert Funk)와 함께 「예수 세미나」(Jesus Seminar)를 설립하였는데, 이 모임은 역사적 예수 연구와 기독교의 기원에 관한 질문들에 관심을 갖고 있는 학자들의 모임입니다. 「예수 세미나」는 1년에 두 차례씩 나흘 동안 대개 40명 혹은 50명의 학자들이 모였지요. 우리의 모임이 대중들의 큰 관심을 끌게 된 것은 우리가 단지 토론하였을 뿐 아니라, "결정" 하였다는 사실 때문입니다. 예를 들어 우리가 복음서들 안에 "하느님의 나라"에 관해 예수가 가르친 것으로 되어 있는 말씀들을 함께 토론할 때, 우리는 폭넓은 논쟁을 벌인 끝에, 어느 특정한 본문이 정말로 역사적 예수가 가르친 말씀인지 아닌지에 관한 우리의 입장을 색깔이 있는 구슬로 비밀투표를 하여 결정하였던 것입니다. 빨간 구슬은 그 말씀이 "거의 틀림없이" 예수의 말씀이었을 것을 뜻하며, 핑크색 구슬은 "아마도 그랬을" 것이며, 회색 구슬은 "아마도 아니었을" 것이며, 검은 색 구슬은 "그랬을 리가 없는" 것을 뜻합니다. 비록 이런 투표로 인해 매스컴이 큰 관심을 보였지만, 이런 방식이 특별히 이상할 것은 없습니다. 예를 들어 독자들이 갖고 있는 신약성경에도 특정한 본문에 대한 각주에 "고대의 다른 권위 있는 학자들은 이 본문을 …로 읽는다"고 표시된 것들이 있을 것입니다. 이것은 고대의 사본들이 서로 다를 경우에, 학자들로 구성된 위원회가 어느 것이 가장 진정한 본문일지를 투표로 결정하였다는 뜻이지요. 이 과정은 「예수 세미나」의 과정과 매우 비슷한 것이었습니다.

「예수 세미나」를 악명 높게 만든 것은 우리가 공개적으로 매스컴 기자들을 초청한 가운데 우리의 작업을 진행하였다는 사실 때문이었습니다. 즉 우리는 우리의 과정뿐 아니라 우리의 결론에 대해서도 관심을 갖고 있는 사람이면 누구나 참석할 수 있도록 허락했다는 사실 때문이었지요. 우리는 우리들의 연구를 단지 학술 전문지에만 발표하여, 대중들은 모른 채 학자들만을 위한 연구가 되는 것을 원치 않았습니다. 우리는 일반 대중들도 우리가 하는 작업을 알게 되기를 원했으며, 예수 연구의 중요한 문제들에 대한 대화에 참여할 수 있도록 초청하였던 것이지요.

저는 1980년대에 「예수 세미나」 작업 이외에도, 저 자신의 연구 결과들을 계속해서 출판하였는데, 이것은 주로 학자들을 위한 것이었습니다. 그러자 놀라운 일이 벌어졌습니다. 저는 1991년에 예수의 생애와 사역에 관한 저의 연구의 요점들을 정리하여 『역사적 예수: 지중해 연안의 한 유대인 농부의 삶』(*The Historical Jesus: The Life of a Mediterranean*

Jewish Peasant)을 출판하였습니다. 제 생각에는 이 책을 다른 학자들만 읽을 것이며 일반 대중들은 이 책의 제목조차 들어보지 못할 것이라고 예상했었지요. 그러나 크리스마스가 임박하여 뉴욕 타임즈 기자 피터 쉬타인펠즈가 이 책을 1면 기사로 취급하였고, 다른 많은 신문사들도 이 책의 내용을 소개하였습니다. 저를 더욱 놀라게 만든 것은 이 책이 그 다음 해 6월까지 Publishers Weekly의 종교부문 베스트셀러 1위에 올라 있었다는 사실입니다. 이 책의 축약본인 『예수: 하나의 혁명적 전기』(Jesus: A Revolutionary Biography) 역시 1994년에 8개월 동안 베스트셀러 상위 10위 안에 들어 있었구요. (이 책의 인기가 내려가게 된 것은 새로 출판된 『가톨릭 교회의 교리문답서』 때문이었는데, 이것은 하느님께서 유머 감각이 있으시다는 사실을 드러낸 것이라 생각합니다). 저의 책들이 이처럼 대중들로부터 예상치 못했던 인기를 끌었다는 사실은 예수라는 인물에 대해 대중들이 깊은 관심을 갖고 있다는 사실을 보여줍니다.

왜 "이" 책이 필요한가?

세 가지로 대답할 수 있습니다. 첫째로, 일반 독자들을 위해 예수 연구의 기본적 질문들과 결론들에 대한 간략하고 쉽게 읽을 수 있는 책이 필요하기 때문입니다. 누구나 학자들의 복잡한 논쟁점들을 헤쳐나갈 훈련을 받은 것은 아니기 때문입니다. 당신이 성서를 연구한 적이 없고 기독교의 기원에 관한 과목을 수강한 적이 없다 하더라도, 이 책은 당신이 이해할 수 있도록 만들어진 책입니다. 둘째로 최근에 저는 라디오 대담 프로그램과 신문 기자들과의 인터뷰를 수 백 번 가졌는데, 이런 과정에서 저는 사람들이 예수에 관해 묻고 싶어하는 질문들이 무엇인지를 많이 알게 되었습니다. 이 책은 질문과 대답(question-and-answer)의 형식으로 이루어져 있는데, 그 이유는 책 내용을 알맞게 세분하기 위한 때문이기도 하지만, 사람들의 전형적인 질문들에 대해 대답할 기회를 마련하기 위해서였습니다. 셋째로 저는 독자들로부터 수 백 통의 편지들을 받았는데, 이 편지들을 미국내 38개 주로부터, 또한 해외에서는 20개 국가들로부터 온 편지들로서, 저의 책들을 읽거나, 강연을 듣거나, 혹은 저의 책들에 대한 서평들을 읽은 사람들이 보낸 편지들이었지요. 이 책은 저로 하여금 그들에게 답장을 쓸 수 있는 기회도 마련해 주지만, 당신으로 하여금 다른 사람들이 저에 대해 무슨 생각을 하고 어떻게 말하고 있는지를 볼 수 있는 기회도 마련해 줄 것입니다. 이 책의 각각의 장은 전형적인 편지들로부터 발췌한 내용을 소개하는 것으로 시작됩니다. 편지들을 발췌한 이유는 이 책의 분량을 고려했기 때문입니다. 저는 저에 대한 부정적 편지들을 예상했었지요. 그러나 저를 놀라게 만든 것은 저에 대한 적극적 편지들이었습니다. 제가 신앙을 배반하고 있다고 비난하는 편지가 1통이라면, 역사적 예수와 그들의 기독교 신앙을 다시 연결시켜 준 것에 대해 감사하다는 편지는 4통 내지 5통씩을 받았습니다. 저의 의견에 동조하든 아니 하든, 저에게 이처럼 편지를 보내준 사람들의 질문과 관심에 대해 매우 고맙게 생각합니다. 비록 제가 그 각각의 편지들에 대해 적절하게 답할 수는 없지만, 그 편지들 모두에 대해 한꺼번에 답하기 위해 이 책 속에 여러 유형의 편지들을 발췌하여 소개한 것입니다. 한 마디로 이 책은 평생 동안 역사적 예수에 관해 연구해 온 학자의 연구 결과를 비전문가들의 폭넓은 독자들이 쉽게 이해할 수 있도록 만든 책입니다.

많은 사람들이 이 책의 초고를 놓고 토의를 했을 뿐 아니라, 이 책의 최종 형태가 되도록 도왔기 때문에, 저는 이 책이 많은 사람들에게 유용한 책이 되리라고 확신합니다. 특히 딕 와츠 씨에게 감사하는데, 그는 이런 책을 집필할 것을 제안하고 저의 학문적 연구를 일상적 언어로 '번역'해 주었을 뿐 아니라, 관심 있는 사람들을 모아 저의 결론과 씨름하도록 해 주었습니다. 그들 대부분은 일리노이주 노말의 「새언약 교회」교인들로서, 저는 이 책을 그들에게 바칩니다.

1장

왜 복음서를 읽는 것으로 만족할 수 없는 것일까?

저는 오랫동안 이러한 책(『예수: 하나의 혁명적인 전기』, 저자의 이전 책 - 역자주)을 찾고 있었습니다. 제가 예수에 대해 알고 있던 많은 것들이 "사실이 아닌 것처럼" 생각되기는 했지만, 어렸을 때 주입되어 종교 생활의 초기에 확실하게 굳어진 신앙을 어떤 식으로든 부정하게 되지나 않을까 하는 약간의 두려움이 항상 있었습니다. 박사님의 책은 … 성장한다는 것은 새로 배우는 일과 이미 배운 것을 버리는 일을 동시에 뜻한다는 것과, 이러한 일은 매우 긍정적이고 심지어 흥미진진할 수 있다는 저 자신의 신념을 더욱 확신시켜 주었습니다. … 박사님의 책은 예수에 대한 저의 신앙과 사랑을 감소시켜주기 보다는 오히려 더욱 강하게 만들어 주었고, 예수의 제자가 된다는 것이 무엇을 의미하는지에 대해 전적으로 새로운 시각을 열어 주었습니다.

매사츄세츠로부터 한 여성이

당신은 연구를 위해 봉급을 받고 있으며 일상생활의 일부로 연구에 집중할 수 있으니 행복한 사람임에 틀림없습니다. … 저는 52세가 되어 가는데도, 거의 연구를 해 본 적이 없답니다. … 아마도 저는 저의 종교적 신앙을 의미있게 해 줄 연구를 시작해야 할 것 같습니다. 저는 타의로 세례를 받고, 가톨릭 학교들을 다니면서 교리교육 프로그램과 성례전에 참여해야만 했습니다. … 저는 강압의 하느님이 아닌 새로운 하느님을 탐구하는 데 있어서 타의나 다른 사람들의 기대를 벗어나서 주도권을 찾아야 할 것 같습니다. 보다 중요한 것은 … 우리가 (주도적으로) 탐구하는가, 아니면 우리의 (배운) 대답에 만족하는가 하는 것이지요.

위스콘신으로부터 한 남성이

당신의 책 『역사적 예수: 지중해 연안의 한 유대인 농부의 삶』은 이번 가을 "우리들의" 연구대상이었습니다(여기서 "우리들"이란 희미한 거울을 통해 예수를 찾아보려는 한 무리의 교인들을 의미합니다). 당신은 비록 우리와 함께 있지 않지만, 우리는 당신을 우리의 안내자로 느끼고 있습니다.

노쓰 캐롤라이나로부터 한 그룹이

많은 사람들이 종교적 신앙과 과학은 양립할 수 없다고 믿고 있습니다. 더 많이 알게 되면 더 적은 신앙을 갖게 될 것이라고 말입니다. … 당신은 신앙의 사람이라고 저는 생각하고 있습니다. 저는 한 때 더 깊은 신앙을 갖고 싶어했던 정통 가톨릭 신자로서 성서를 꽤나 읽었는데, 그 결과는 혼란이었습니다. … [저는] 제게 혼동이 되고 모순이 되는 것으로 보이는 성서 구절들에 대한 설득력 있는 설명을 찾고 있는 사람으로서 [당신에게 편지를 쓰고 있습니다]. … 궁금하여 질문할 것이 많은 우리들을 혼란에 빠뜨리는 구절들이 상당수 있습니다만, 우리는 이해력이 부족하여 이러한 구절들을 어떻게 조화시켜야 할 지 알 길이 없습니다. 그러나 당신은 이러한 구절들을 당신의 가톨릭 신앙과 조화시켰을 것임에 틀림없습니다. 어떻게 그렇게 하셨습니까?

캘리포니아로부터 한 남성이

학문에 대한 전반적인 배경을 가지고 있는 오늘날의 지성인이 믿을 수 있는 그러한 종교에 대한 요청이 분명히 있습니다. 그러나 이러한 요청에 대해 응답하려고 하는 시도는 어디에도 없습니다.

매사츄세츠로부터 한 남성이

복음서들을 자세히 정신 차리고 읽기만 해도 그 복음서들이 아이들 동화책이 아니며, 유치하게 해석하라고 만들어진 것도 아니라는 사실을 깨닫게 해주었을 뿐 아니라, 저의 두뇌와 마음만으로도 충분히 저의 신앙을 성숙시킬 수 있을 것으로 생각하신 크로산 박사님과 동료 신학자들에게 감사드립니다. … 최소한, 만약 나의 신앙이 지성적인 물결들이나 바람들을 버티지 못한다면, 나는 기독교인으로서 보트 안에서 도대체 할 수 있는 것이 무엇이겠는가 하는 것입니다.

일리노이로부터 한 여성이

제가 이해할 수 없는 한 가지는 당신이나 예수 세미나의 다른 회원들이 예수가 실제로 한 말씀의 진위 여부를 놓고 어떻게 투표를 감행할 수 있느냐 하는 것입니다. 그것이 도대체 당신들이 투표로 결정할 사안입니까? 당신은 어떻게 성서의 어떤 말씀은 사실이고 다른 것들은 아니라고 말할 수 있습니까?

일리노이로부터 한 여성이

역사적 예수 연구는 도대체 왜 하는 것입니까? 우리는 이미 성서 안에 예수에 관한 네 개의 전기들(biographies), 즉 마태복음, 마가복음, 누가복음, 그리고 요한복음을 가지고 있지 않습니까? 우리 앞에 놓인 네 개의 서로 다른 전기들이 무엇이 문제입니까?

실제로 우리가 네 개의 복음서를 가지고 있다는 사실이 우리들 문제의 핵심입니다. 우리는 특정한 비유들이나 말씀들, 혹은 이야기들을 여러 개의 서로 다른 판본(versions)으로 읽고 있기 때문에, 그들 사이에 있는 불일치(disagreements)를 우리는 간과할 수 없습니다. 쉽게 우리는 이렇게 말하고 싶어할 것입니다. "글쎄요, 증인들은 단순히 동일한 일들을 다르게 기억하고 있는 것 아니겠습니까?" 그러나 마태나 누가가 자신들의 복음서를 기록할 때, 그들은 자신들 앞에 마가복음(신약성서 복음서들 가운데 최초의 것)의 사본(copies)을 가지고 있었음이 분명합니다. 이것은 마태복음이나 누가복음의 예수 이야기 중 많은 부분이 독자적인 자료가 아니고, 마가의 변형들(variations)이라는 것을 의미합니다. 이것은 또한 그러한 변형들이 각각의 복음서 저자들의 신학을 반영하고 있음을 의미하기도 합니다. 달리 말하면, 각각의 복음서는 전기라기보다는, 예수에 대한 의도적 해석(interpretation)이라는 말입니다.

또 다른 문제도 있습니다. 이러한 네 가지 복음서들은 예수에 관해 기록한 유일한 문서들이 아니라고 하는 점입니다. 다른 복음서들은 우리가 가지고 있는 신약성서의 네 복음서들 안에 감추어져 있을 수도 있고, 그것들 밖에서 발견되기도 합니다. 전자의 한 사례는 다시 재구성되어 Q라는 이름으로 알려진 문서입니다. 이 명칭은 독일어 "Quelle"에서 왔는데, 그 단어는 "근거"를 뜻합니다. 이 자료는 누가복음과 마태복음 안에 동시에 들어가 있는 공통된 자료로서, 마가복음에는 없습니다. 저는 이 자료를 단순히 두 복음서의 빈 공간을 채운 자료로서만 보지 않고, 그 자체의 독특한 신학을 가진 복음서로 보기 때문에, 이 책에서는 이 자료를 Q 복음 (Q Gospel)이라고 지칭할 것입니다.

마태, 마가, 누가, 그리고 요한복음서의 바깥에서 발견되는 자료의 한 예는 도마복음서(Gospel of Thomas)라는 것으로, 이것은 1945년 이집트에서 발견되었습니다. 제가 보기에, 이 복음서는 신약성서의 네 개의 복음서와 전적으로 무관합니다. 이것은 또한 그 형식에 있어서도 네 복음서와 전혀 다릅니다. 실상, 이것은 Q 복음과 훨씬 유사합니다. 이것은 기본적으로 예수의 행위나 기적에 관한 이야기, 혹은 십자가 처형이나 부활에 관한 것은 전혀 없이 예수의 말씀들만을 수집한 것입니다.

마태, 마가, 누가 및 요한복음이 서로 다르고, 그리고 수많은 다른 복음서들이 현존한다는 사실은 우리에게 하나의 피할 수 없는 문제를 제기합니다. 각 복음서는 예수를 보는 하나의 독특한 방식들이라는 것입니다. 그러면 그것들은 과연 역사적 사실들과 얼마나 근접해 있을까요?

각각의 복음서들의 해석들 배후로 들어가서 실제로 살았던 예수를 만날 수 있는 어떤 길이 없을까요?

이 작업을 위해서는 도움이 될 만한 여러 가지 학문적

도구들이 있으며, 역사적 예수상(a picture of the historical Jesus)을 그리기 위해 이미 수많은 시도들이 행해져 왔습니다. 이러한 상(像)들 중 일부는 설득력이 있습니다. 그러나 일부는 너무 상상력에 의존되어 있습니다. 분명한 것은, 모든 것은 예수에 관한 사실들을 드러내는 데 사용되는 방법론에 달려 있다는 점입니다. 그러므로 저는 역사적 예수를 재구성하려는 저 자신의 방법론을 처음부터 분명히 해두려고 합니다.

저는 저의 방법론을 밤하늘에 하나의 목표물을 정해 놓고 세 개의 거대한 조명등을 비추는 것에 비유합니다. 각각의 조명등은 같은 목표물을 맞추어야 합니다. 세 개의 조명등은 동일한 점에서 상호교차되어 각각의 조명등이 정확히 목표물을 맞추게 해야 하기 때문에, 각각의 조명등은 다른 두 조명등을 바로잡는 데 일조하게 됩니다. 이 세 가지가 한 곳에서 교차하게 될 때에, 저는 그것들이 역사적 예수에 초점이 모아졌다는 강한 확신을 가지게 됩니다.

저의 첫번째 조명등은 교차문화적 연구(cross-cultural study)입니다. 이 연구는 예수가 살았던 사회적 상황에 관해 가능한 한 많은 것을 배울 수 있도록 도와줍니다. 제가 연구하고자 하는 것은 예수의 사회와 유사한 모든 사회들을 역사를 관통하여 검토하는 것입니다. 예를 들면, 저는 고대 지중해 문화--현대 미국 문화와는 다른 것으로서의--에 관해 제가 무엇을 배울 수 있을지를 묻습니다. 농경 사회는 공업 사회와 어떻게 다른가? 복음서의 이야기 속에서 발견되는 현상들--악령, 치유, 귀신축출--에 관해서는 무엇을 배울 수 있을 것인가? 지배층과 농민들이 있고 식민지 백성들과 제국주의 지배자들이 있는, 예수가 살았던 사회와 같은 사회들에 관해 학자들은 무엇을 말해 주는가? 그러한 사회에서 정치와 가정, 세금과 빚, 계급과 성별관계 같은 것은 무엇인가? 이러한 문제들에 대한 연구의 가치는, 이러한 연구가 복음서의 예수상들과 직접적인 관계가 없고, 그래서 예수에 대해 긍정적으로든 부정적으로든 곡해할 가능성을 없애 준다는 점입니다. 예를 들어보겠습니다. 만약 제가 예수를 교양있는 중산층 목수로 그리려 한다면, 교차문화적 연구는 고대사회에서는 중산층이 존재하지 않았고, 예수의 출신인 농민계급은 주로 문맹자였다는 점을 제게 상기시켜 줍니다. 그래서 저는 그 당시에 그의 상황에서 존재할 수 없었을 예수를 상상하는 일은 할 수 없게 된다는 말입니다.

저의 두번째 조명등은 예수 당시의 그리스-로마 및 유대인들의 상황에 관한 역사적 연구(historical study)입니다. 우리는 로마 총독에 의해 직접적으로 통치되고 헤롯 왕가에 의해 간접적으로 통치되고 있던, 로마 제국의 한 식민지로서의 이스라엘의 상황에 대해 많은 것을 알고 있습니다. 저는 특별히 1세기의 유대인 역사가 요세푸스(Josephus)에 주목하게 되는데, 이 사람은 이 시기에 대해 두 개의 분리된, 그러나 상당 부분 중첩되는 이야기를 기록해 놓았습니다. 예수는 혁명이 이제 막 발발할 기회를 찾고 있던 그러한 땅에서 농민들의 불안과 동요의 분위기 속에서 살았습니다. 그래서 저는 요세푸스가 당시의 저항가들, 예언자들, 강도들, 그리고 메시아들에 관하여 언급한 것들에 대해 깊이 주의를 기울여 경청합니다. 만약 제가 참된 예수상에 이르고자 한다면, 저는 그 당시 속에서는 불이 지펴지고 있었으면서도 그것이

폭발하여 공개적으로 폭동이 되기까지는 한번도 기록된 적이 없는 농민들의 불안한 상황에 대한 이야기를 상상해 보려고 노력해야만 합니다.

세번째 조명등은 **본문연구**(textual study)입니다. 이것은 역사적 예수에 관한 물음 중 가장 어려운 부분입니다. 이미 언급했듯이, 본문연구는 신약성서 안에 있는 것만 아니라, 신약성서 밖의 복음서들까지를 포함한 전체 복음서들에서 식별해내는 작업을 포함합니다. 그러나 이것은 또한 문헌전승(literary tradition)의 세 가지 단계 사이를 구분해야 한다는 것도 의미합니다. 첫번째 단계에서는 전승이 역사적 예수에게서 비롯된 말씀들과 사건들을 보존합니다. 두번째 단계에서는 그렇게 보존된 자료들이 발전하게 되는데, 예컨대 본래는 독립되어 있던 말씀들을 이야기로 엮는 것입니다. 세번째 차원은 전혀 새로운 이야기들이나 말씀들을 창작하여 예수가 한 것으로 돌리는 과정이 포함됩니다.

만약 어떤 사람의 다락방에서 발견된 옛날 어느 위대한 화가의 값비싼 그림 한 점이 실제로는 그후에 다른 사람에 의해 덧칠되어진 것이었다는 신문기사를 당신이 읽은 적이 있다면, 당신은 본문연구가 어떠한 것인가 하는 것에 대한 기본적인 개념을 갖게 될 것입니다. 미술박물관의 관리자가 예리한 연장과 화학약품을 가지고 덧칠된 부분을 제거하여 원래의 작품을 되살리려고 하듯이, 학자들은 여러 가지 복잡한 방법들을 동원하여 예수에 관해 해석된 여러 층들을 벗겨내고 그 속에 있는 본래의 예수상을 발견하려고 합니다.

당신은 복음서 저자들이 진실을 말하고 있는 것이 아니라고 말하는 것입니까?

가끔 사람들은 마태, 마가, 누가, 그리고 요한이 실제 일어난 사건들에 손질을 가하고, 심지어는 아무 자료도 없이 예수에 관한 이야기나 말씀들을 창작해내었을지 모른다는 생각에 충격을 받게 됩니다. 여기에서 우리는 최초의 기독교인들이 예수가 죽은 후에도 예수가 계속 자신들과 함께 한 것으로(Jesus as continuing to be present with them after he died) 경험했다는 점을 이해할 필요가 있습니다. 예수의 계속적인 현존에 대한 경험이 예수 전승의 전달자들에게 창작하는 자유를 허락했던 것입니다. 그들은 예수가 과거에 누구였는가에 관해 기록하기보다는, 현재에 누구인가에 관해 기록하고 있고, 과거에 말씀하시고 행동하셨던 예수가 아니라 현재에 말씀하시고 행동하고 계시는 예수에 관해 기록하고 있습니다. 그래서 그들은 예수의 말씀들과 행동들을 그들 자신의 시대 및 공동체의 특수한 요청에 부응하는 방식으로 다시 기록하는 것을 주저하지 않았습니다. 그러므로 제가 복음서의 배후로 들어가서 역사적 예수에게 이르고자 한다고 말할 때에, 저는 현재 있는 복음서의 가치를 부정하는 것이 아닙니다. 제가 말하고자 하는 것은, 복음서들이란 역사도 전기도 아니라는 것, 단지 특수한 시대, 특수한 장소, 그리고 특수한 공동체를 위한 해석들이라는 것뿐입니다. 역사적 예수를 만나기 위해서는 우리가 이러한 해석들의 배후로 들어갈 필요가 있는 것입니다.

이제 저의 방법론의 마지막 한 가지 점에 대해 말하겠습니다. 저는 실제의 예수상을 그려내려는 노력에 있어서 전승의 가장 오래된 층--A.D. 30년에서 60년 사이의 자료들--과 그 자료들의 한 가지 출처 이상에서 제각기 발견되는 말씀들과 이야기들에 관심을 집중시키려고 합니다. 전승의 오직 한 가지 출처에서만 발견되는 이야기들도 물론 정확할 수 있겠지만, 저는 저의 예수상을 단 하나의 독립적인 증거에 의존한 설명보다는 여러 출처들에서 제각기 나타나는 증거들에 의존한 설명에 기초하여 세우려고 합니다. 이러한 과정이 사실여부를 보증해 주지는 못하겠지만, 최소한도 틀릴 수 있는 가능성은 최대한 배제할 수 있을 것입니다.

역사적 예수에 관한 저의 연구에 있어서 **정직한 자세를 견지하는 것**, 이것은 제게 굉장히 중요합니다. 저는 역사적 예수를 가능한 한 정확하게 재구성하려고 시도해 왔습니다. 제가 좋아했거나 혹은 싫어했던 예수, 또는 제가 동의했거나 혹은 동의할 수 없었던 예수를 찾으려고 하는 것은 결코 저의 목적이 아닙니다. 저는 더 이상 다른 것을 생각할 수 없는 최종적인 예수상을 갖고 있다고 자처하는 것이 아니라, 제가 재구성한 예수상을 **정직한 예수상**으로 제시하는 것입니다.

이 주제를 더 상세히 탐구하기 원하는 분들과 저의 결론들의 근거가 되는 학문적 증거들을 알고 싶어하는 분들에게는 제가 이미 쓴 책들을 권합니다. 『역사적 예수: 지중해 연안의 한 유대인 농부의 삶』(*The Historical Jesus: The Life of a Mediterranean Jewish Peasant*)은 저의 주장하는 바가 가장 잘 드러난 책입니다. 또한 『예수: 하나의 혁명적인 전기』(*Jesus: A Revolutionary Biography*)는 앞의 큰 책을 좀 더 간략하게 축소한 책입니다. 예수가 본래 한 말씀들로서 기록에 남은 것들과 가장 초기의 생생한 예수상들에 관한 저의 연구 결과는 『본질적 예수』(*The Essential Jesus: Original Sayings and Earliest Images*)라는 제목으로 발행되었습니다. 끝으로 복음서들의 예수의 죽음에 관한 이야기에 나타난 반(反)셈족주의의 뿌리들은 『누가 예수를 죽였는가?』(*Who Killed Jesus?*)에서 탐구되었습니다.

2장

예수는 하느님의 아들, 처녀 마리아의 아들인가?

저는 최근 말일 성도 예수 그리스도의 교회에서 감독직을 물러난 사람입니다. 그 후 당신의 책 『역사적 예수: 지중해 연안의 한 유대인 농부의 삶』을 읽었습니다. 제가 사랑하고 예배하고 있는 예수 그리스도에 대해 새로운 통찰을 제공해 주어 감사드립니다.

일리노이로부터 한 남성이

[당신은] 분명히 다른 사람의 신앙을 돈독히 하기 위해서가 아니라, 아마도 당신 자신의 영광과 금전적 수익을 위해 저술하고 있는 것 같고, 이런 책을 읽는 많은 사람들은 결과적으로 신앙을 잃고 심지어는 교회를 떠날지도 모릅니다.… 힘이 있는 사람이라면 영혼들을 하느님께 조금이라도 더 가까이 가게 하기 위해 해야 할 일이 많이 있을 때 합력하여 선을 이루도록 해야 할 것으로 보입니다.

플로리다로부터 한 여성이

저는 우리 동네 지역신문에서 "학자가 예수를 혁명적 인물로 본다"는 제목의 글을 읽었습니다. 저는 당신의 논지에 경악을 금할 수 없었습니다. … 철저한 성서연구를 거친 성서학자들과 더불어, 수많은, 실로 수많은 중생한(born again) 기독교인들은 당신이 제시한 주님의 모습과는 전혀 다른 상을 가지고 있습니다. … 예를 들어 당신은 그리스도는 문맹의 한 농부였다고 기술하고 있습니다. 당신은 그리스도가 인간의 형태를 입은 하느님이라는 것, … 모든 것을 창조한 분이요, 그의 지식은 종합대학이나 신학적 훈련에서 비롯될 필요가 없다는 것을 알지 못합니까! 그분은 모든 것을 알았고 알고 있으며, 그러한 지식은 당신이나 나, 혹은 이제껏 어느 누가 알 수 있었던 것보다 훨씬 큽니다.

인디아나로부터 한 여성이

저의 일요일 아침을 의미있게 해주는 분들은 당신과 같은 신학자들과 연구가들입니다. 우리의 일요일 모임들이 끝난 후, 우리의 모임 전체는 극단화되어 있는 근본주의 세계와 직면하는 데 있어 훨씬 편안함을 느끼게 되었습니다. 당신이 한 작업과 또한 예수 세미나의 작업에 대해 감사를 드립니다. 당신의 연구, 당신의 해석들, 그리고 당신의 정직성에 감사를 드립니다.

텍사스로부터 한 여성이

저는 예수를 선불교적인 경구들과 수수께끼같은 비유들을 사용하여 사회적 인습들에 도전하는 지혜의 교사로 이해한 당신의 착상을 좋아합니다. 그러나 예수의 가르침들 속에는 대단히 지혜롭고 형이상학적인 진리가 있는데, 도대체 그가 어디에서 이러한 진리들을 구하였는지 궁금합니다. 예수가 젊은 시절에 인도에 간 적이 있었거나, 아니면 인도에서 온 어떤 교사의 지도를 받은 적이 있었던 것은 아닐까요?

미주리로부터 한 남성이

당신은 처녀가 아이를 갖게 되고, 유대의 가장 작은 도시 베들레헴이 전체 이스라엘 사람들을 위해 한 지도자를 배출하게 될 것이라는 옛 예언자들의 기록들과 예언들을 의심하고 있는 것입니까? 저는 구약성서나 예언자들의 말씀들을 바꾸려는 사람을 보지 못했습니다! 이 시대는 "예수를 때리는"(Jesus-Bashing) 세기라고 불려질 것이라 생각합니다.

플로리다로부터 한 남성이

저는 당신이 최근 예수 세미나에 참여하고 있는 것으로 알고 있고, 『토론토 스타』(Toronto Star)에 실린 기사에 따르면 당신은 기독교 신앙의 본질적인 내용 중 일부를 믿지 않는다고 하더군요. … 우리가 성서의 신빙성을 입증하거나 반증하려는 것은 이제는 때가 지난 일이 아닐까요--우리는 그것을 신앙에 의해 단순히 받아들여야 하는 것 아닐까요, 크로산씨! 더욱이 우리는 우리 죄의 댓가를 지불하기 위해 예수를 필요로 하는 것 아닐까요? 왜 당신은 이것을 믿지 못합니까? 신앙의 본질적인 내용들을 부정함으로써 당신이 얻을 수 있는 것이 무엇입니까?

캐나다로부터 한 남성이

저는 당신이 "신선한 바람"(Fresh Air)이라는 프로그램에서 테리 그로스와 대담하는 것을 들은 후에, 당신의 책 『예수: 하나의 혁명적인 전기』를 읽었는데, 아주 재미있었습니다. 보스톤 지역에서 가톨릭 교인으로 자라, 가톨릭 학교에 다녔고, 신부를 도와 복사(altar boy) 일을 했던 저는, 일상생활에 있어 용서받을 수 있는 죄와 용서받을 수 없는 죄, 예수의 십자가 행로, 가시 면류관, 그리고 연옥과 지옥에 대해 많은 것을 배웠습니다만, 예수의 삶과 절대 평등에 대한 그분의 가르침에 대해서는 아무 것도 배우지 못했습니다. 처녀 출산, 기적, 그리고 부활에 관해 제가 배운 모든 것을 거부하게 되었지만, 예수가 누구였고 무엇을 하신 분이었는지에 대해서는 더 이상 배운 것이 아무 것도 없답니다.

뉴햄프셔로부터 한 남성이

복음서들에 나타난 예수 출생 이야기들은 역사적 예수에 관해 우리에게 무엇을 말하고 있는 것입니까?

"역사적 예수"라는 말로 제가 의미하는 것은 갈릴리의 먼지나는 길을 걸어다녔고, 먹고 마셨고, 하느님 나라에 관해 가르쳤고, 체포되어 처형된 진짜 인간(real person), 역사적 연구를 통해 발견할 수 있는 만큼의 실제 인간을 의미합니다.

그러나 예수에 관해 아주 잘 알려진 이야기들 중 어떤 것들은 역사적 인물로서의 그에 대해 아무런 단서도 제공하지 못하는 것들이 있습니다. 저는 우리가 성탄절마다 읽는 매우 익숙한 예수 출생 이야기, 즉 예수의 어머니 마리아와 요셉과 여물통 속의 아기 예수가 목자들과 동방박사들과 천사들에 둘러싸여 있는 이야기에 주목하고자 합니다. 예수의 탄생 이야기들은 종교적인 창작(religious fiction), 혹은, 여러분들이 이 표현이 더 낫다고 본다면, 비유입니다. 앞으로 언급하겠습니다만, 이것은 예수의 출생 이야기들이 가치가 없다는 것을 의미하는 것이 아니라, 문자적 의미에서 역사적인 사실로 이해되어서는 안 된다고 하는 것을 의미합니다. 이것들은 오히려 미국 브로드웨이 뮤지컬의 서곡(overtures)과 같은 것입니다. 서곡은 뮤지컬 전체를 통해 들려지게 될 다양한 주제들을 미리 띄워 줍니다. 마태와 누가는 예수 이야기에 관해 서로 다른 해석들을 내렸기 때문에, 그들의 서곡들도 서로 다른 것입니다.

당신은 예수의 탄생 이야기가 "종교적인 창작"이라고 말했습니다. 이 말은 대부분의 기독교 신자들에게 대단한 충격을 줄 것임에 틀림없습니다. 당신의 그 주장에 사람들이 어떻게 반응하고 있는 것으로 보고 있습니까?

글쎄요, 반응들은 사실상 복합적입니다. 물론 때로는 저 자신이나 혹은 저의 관점을 소개한 신문들과 정기간행물들에 보내진 비판적이고 분노에 찬 편지들을 접하곤 합니다. 그러나 다른 한편 저는 흔히 감사의 뜻을 표하는 사람들로부터 자신들이 예배드리러 갔을 때에 굳이 교회 문 밖에서 그들의 이성을 벗어버릴 필요가 없다는 코멘트들을 받곤 합니다. 그들은 기독교의 가르침을 전혀 **문자적으로**(literally) 받아들이지 않고서도, 이를 **진지하게**(seriously) 받아들일 수 있음을 알게 되었노라고 감사의 뜻을 표하고 있습니다.

저는 그린치처럼 성탄절을 없애버리려는 데에는 아무런 관심이 없음을 여러분들에게 확실히 해두고 싶습니다. 저는 제가 발견한 사실들을 취급함에 있어 역사가로서 정직해야 합니다. 저의 목적은 적극적인 것입니다. 즉 역사적, 문헌적, 그리고 교차-문화적 연구분야 등을 통해 우리에게 드러난 예수를 있는 그대로 내놓는 것입니다. 저의 목적은 충격을 주거나 혹은 드러나지 않은 어떤 비밀을 폭로하려는 것이 아니라, 예수에 관한 신학들을 떠나서 역사상에 살았던 예수를 가능한 한 분명한 모습으로 보여질 수 있도록 하려는 것입니다.

당신은 마태와 누가가 서로 다른 예수 탄생 이야기들을 전하고 있다고 말했습니다. 그 차이들은 무엇입니까?

만약 당신 집에 성탄절마다 탁자 위에 꺼내놓고 보는 예수의 출생과 관련한 그림이 있다면, 그 중심은 아마도 구유, 즉 아기 예수가 눕혀진 짚으로 채워진 소 여물통이 되겠지요. 아마도 예수의 어머니 마리아는 무릎을 꿇고 있고, 요셉은 그 옆에 서 있을 것입니다. 틀림없이 아기 예수에게 예물을 가져온 동방박사의 낙타들도 들어 있을 것입니다. 또 어쩌면 소와 당나귀와 양과 목자들도 있고, 구유가 놓인 허름한 헛간 위에 별이 떠 있고, 그 배경에 천사 한 두 명이 있을 것입니다.

이것은 우리의 상상력을 통해 두 개의 복음서에 나오는 모습들을 하나의 장면 속에 조합시킨 것입니다. 그러나 실제로는 예수의 출생에 관한 두 이야기는 서로 전혀 다릅니다. 누가의 이야기 속에는 구유와 목자와 천사가 등장합니다. 한편 마태의 이야기 속에서는 동방박사가 나타나고, 그들은 구유로 오는 것이 아니라 집으로 들어옵니다. 마태의 이야기는 계속해서, 동방박사들이 헤롯왕에게 갔으며, 헤롯왕은 왕이 될 아기가 어디에 있는지 찾게 되었다고 말합니다. 마리아와 요셉과 예수는 헤롯왕의 진노를 피해 이집트로 도망갔으며, 헤롯왕은 아기 구세주를 사전에 없애버리기 위해 베들레헴 주변의 두 살 이하의 남자아이들을 살해했습니다. 마태복음의 이러한 이야기들이 누가복음에는 나오지 않습니다.

다음의 도표는 자기만의 고유한 일화나 배경설정을 갖고 있는 마태와 누가 두 이야기 사이의 주요 차이점들 중 일부를 보여주고 있습니다:

<u>마 태</u>　　　　　　　<u>누 가</u>

천사가 요셉에게 나타남　　요한의 잉태와 출생
동방에서 온 박사들　　　　천사가 마리아에게 나타남
집에 있는 아기 예수　　　　전국적인 인구조사
헤롯이 아기들을 죽임　　　천사의 합창
예수가 이집트로 피신함　　예수의 할례
　　　　　　　　　　　　안나와 시므온의 예언들

그러나 우리는 그 이상도 말할 수 있습니다. 마태와 누가가 동시에 의존하고 있는 최초의 복음서 마가복음에는 예수의 출생에 관한 이야기가 전혀 없습니다. 마가복음은 예수가 성인이 되어 요단강에 나아가 요한에게 세례를 받는 이야기로 시작합니다. 신약성서 전체에서 가장 먼저 기록된 바울의 편지들은 예수의 출생에 관해 아무런 언급도 하고 있지 않습니다. 그리고 요한복음은 그러한 이야기들 대신, 하느님의 말씀으로서의 예수에 대한 명상으로부터 시작합니다. 그래서 결국 출생 이야기는 오직 마태와 누가에서만 발견되고 있으며, 그것도 서로간에 철저히 다릅니다.

이것이 의미하는 바는, 우리가 예수의 출생에 관해 반듯하게 정리된 역사를 가지고 있는 것이 아니라고 하는 사실입니다. 우리가 갖고 있는 것은 오히려, 앞서 제가 뮤지컬의 서곡에 비유했던 것과 같습니다. 즉 각각의 복음서들의 주요 주제들 중 일부를 띠워서 그 복음서들의 서문(preface)으로 제시하는 것입니다. 그것들은 예수 출생의 역사적 상황에 대해 우리에게 말해 줄 것이 거의 없습니다. 그러나 그것들은 예수의 청중들의 화제 속에서 예수가 차지한 위치를 누가와 마태가 어떻게 보고 있었는지에 대해 상당히 많은 것을 우리에게 말해주고 있습니다.

이러한 이야기들이 역사적인 것이 아니라면, 그것들의 요점은 도대체 무엇입니까?

저는 누가복음의 출생 이야기를 가지고 시작하고자 합니다. 당신이 금방 알아채게 될 것입니다만, 이것은 실제로 두 개의 출생 이야기, 즉 예수의 출생 이야기와 세례 요한의 출생 이야기로 이루어져 있습니다.

세례 요한은 아기를 가질 희망을 포기한 지 이미 오래된 나이 든 부모에게서 태어났다고 합니다. 이 이야기는 과거 이스라엘의 위대한 영웅들, 즉 수태능력을 상실한 지 이미 오래된 아브라함과 사라에게서 태어난 이삭, 그리고 생산능력이 없는 한나의 기도에 응답하여 하느님이 직접 개입하신 결과로 태어난 사무엘의 출생 이야기와 맥을 같이 하고 있습니다. 그러므로 우리가 갖고있는 세례 요한의 출생 이야기는 수태능력 상실 그리고/혹은 노령에도 불구하고 일어난 출생의 기적에 관한 이야기입니다. 세례 요한은 이스라엘의 위대한 신앙 영웅들의 전통 안에 서 있다는 말입니다. 이러한 이야기들에는 하나의 공통점이 있습니다. 위대한 인물들에게는 특별한 출생 이야기가 주어집니다. 경이로운 생애와 죽음은, 거꾸로 회고하여(in retrospect), 경이로운 수태와 출생 이야기를 갖게 되는 것이지요.

예수의 수태와 출생 이야기는 세례 요한의 이야기와 병행을 이루고 있지만, 예수가 요한보다 더 위대하다는 것을 보여 줄 목적으로 기록된 것입니다. 요한은 수태능력이 없는 나이 많은 부모에게서 태어났지만, 예수는 처녀인 어머니에게서 태어납니다. 요한의 출생은 그의 이웃들 사이에서 알려지지만, 예수의 출생은 수많은 천사에 의해 알려집니다. 요한의 이름은 그의 출생 후에 그의 어머니와 아버지에 의해 특별히 주어지지만, 예수의 이름은 그의 수태 이전에 천사에 의해 주어집니다. 요한은 가장 높으신 분(하느님)의 예언자로 공식적으로 소개되고 또한 선포되지만, 예수는 (단순히 집에서가 아니라) 성전에서 소개되고, 나이 많은 시므온과 안나가 그가 앞으로 위대한 분이 될 것을 예언합니다. 요한은 영적으로 성장해가고 점점 강해지는 것으로 묘사됩니다. 그러나 예수는 하느님의 지혜와 총애로 가득 차서 이미 강해진 것으로 언급되고 있으며, 12살 때에는 성전 안에서 그의 통찰력으로 인해 율법 선생들을 놀라게 만드는 모습으로 나타납니다.

그러므로 우리는 이 이야기들 속에서 누가의 분명한 목적을 감지하게 됩니다: 즉 세례 요한을 이스라엘의 위대한 신앙 영웅들에 연결시키면서도, 그러나 예수는 이 요한보다 훨씬 더 위대하다는 것을 보여주려는 것입니다. 누가가 독자들을 향해 하고 싶은 말은 이것입니다: "세례 요한은 이스라엘의 과거의 완성이지만, 미래는 예수에게 속한다."는 말입니다. 마태도 비슷한 논점을 가지고 있지만, 그는 이것을 전혀 다른 이야기로 표현합니다.

마태의 이야기는 정확히 어떻게 다릅니까?

마태가 들려주는 이야기를 살펴보겠습니다. 마태도 예수의 출생을 고대의 유대교 전통들에 연결시키긴 하지만, 접근 방식이 서로 다릅니다. 누가는 세례 요한과 예수의 출생을 이삭과 사무엘에 연결시켰던 반면에, 마태는 예수와 모세를 나란히 놓습니다.

여러분은 이스라엘 사람들이 이집트에서 탈출하는 이야기에서, 이집트의 통치자 파라오가 이스라엘 민족을 멸절시키기 위해 갓 태어난 히브리인 사내아이들을 모두 나일강에 빠뜨려 죽이도록 명령했다는 대목을 기억하실 것입니다. 모세는 바로 이 당시에 태어났는데, 그의 어머니가 그를 바구니에 넣어 강둑 근처에 숨겨둔 것을 파라오의 딸이 발견하여 거둠으로써 구출되었습니다. 예수 당시의 대중적인 이야기들 속에는 추가로 보다 상세한 이야기들이 덧붙여졌습니다. 예를 들면, 모세는 대학살이 명령된 이후에 태어났을 리가 없다는 것입니다. 오히려 대학살은 특별히 모세를 죽이기 위해 명령되었다는 것이지요. 파라오는 한 위대한 지도자가 이스라엘 사람들에게서 태어날 것이라는 사실을 통보받았고, 그래서 계획적으로 그를 죽이려 했다는 것입니다. 더욱이, 수많은 이스라엘 사람들은 태어나면 학살당할 아기를 아예 갖지 않기 위해 자기 아내와 이혼했던 반면, 모세의 아버지는 자기가 낳을 아기가 미래에 위대한 인물이 될 것이라는 예언 때문에 위험을 무릅쓰고 그의 아내와 아기를 갖기로 결심했다는 이야기입니다.

　마태는 자신의 복음서를 시작할 때, 모세의 출생 이야기를 모델로 하여 예수의 출생 이야기를 기록합니다. 통치자 헤롯은 (파라오와 마찬가지로) 구원자가 태어날 것이라는 예고를 접하고, 베들레헴 지역에서 두 살 이하의 모든 아기들을 살해하도록 명령하여, 약속된 구원자를 아예 처치하고자 합니다. 요셉은 (모세의 아버지와 마찬가지로) 그의 아내와 이혼하고자 하나, 아이가 미래에 위대한 사람이 될 것이라는 말씀을 꿈속에서 듣고, 마리아와 함께 삽니다. 모세는 결국 그의 민족을 이집트로부터 이끌어내나, 예수는 이집트로부터 탈출함으로써가 아니라, 그의 부모와 함께 이집트로 피신함으로써 자신을 살해하고자 하는 폭군으로부터 구출됩니다. 마태는 이처럼 모세와 예수의 이야기를 밀접하게 대비시킴으로써 자신이 말하고자 하는 의도, 즉 "예수는 새로운, 그러나 더욱 위대한 모세이다."라는 것을 분명히 드러냅니다.

　이제 우리는 이들 출생 이야기들에서 실제로 무엇이 진행되었는지를 알 수 있게 되었습니다. 누가와 마태는 전혀 다른 유년기 이야기(infancy stories)를 창작했지만, 두 저자는 동일한 목적을 가지고 있었지요. 이들은 현재를 해석하기 위한 하나의 방식으로 이스라엘의 과거의 모형을 사용했던 것입니다. 이 과정에서 저자들은 예수를 그 이야기의 모델이 된 고대의 영웅 어느 누구와도 비교할 수 없는 위대한 인물로 묘사했습니다. 이것은 교회사 초기에 예수의 공동체에 속했던 사람들이 자신들의 히브리 성서(구약성서)를 조회하여 예수를 이해하고 그의 죽음의 의미를 찾기 위해 노력했기 때문입니다. 이미 이러한 "서곡"들에서 우리는 기독교인들이 예수의 의미를 해석함에 있어 히브리 성서를 어떻게 사용했는지 알게 됩니다. 복음서들에는 이러한 과정을 보여주는 또 다른 많은 사례들이 있습니다.

당신은 마태와 누가가 서로 다른 이야기들을 들려주고 있으면서도, 예수가 처녀에게서 났다고 하는 점에서는 일치한다고 말하고 있습니다. 그럼에도 불구하고 당신은 이러한 이야기들을 "종교적인 창작"이라고 부르고 있습니다. 이것은 당신이 예수가 처녀에게서 태어났다는 것을 믿지 않는다는 뜻입니까?

예수가 처녀에게서 태어났다고 주장하는 점에서 마태와 누가가 일치하고 있다는 것은 사실입니다. 그러나 예수가 처녀에게서 태어났다고 하는 바로 이 이야기야말로 제가 지금까지 지적해온 것, 즉 초기 기독교인들이 예수의 의미에 관해 말하기 위해 어떻게 히브리 성서(구약성서)를 샅샅이 뒤졌는지 하는 것에 대한 전형적인 실례가 됩니다.

마태의 이야기에서 이러한 근거는 아주 분명합니다. 천사가 마리아에게서 태어날 아들에 관해 요셉에게 이야기할 때, 마태는 특별히 다음과 같은 말씀을 부언하고 있습니다: "이 모든 일이 일어난 것은, 주께서, 예언자를 시켜서 이르시기를 '보아라, 동정녀가 잉태하여 아들을 낳을 것이니, 그의 이름을 임마누엘이라고 할 것이다' 하신 말씀을 이루려고 하신 것이다. (임마누엘은 번역하면 '하느님이 우리와 함께 계시다'는 뜻이다.)"(마태복음 1:22-23).

잠시 이사야서 7:14에서 발견되는 예언자의 말의 원 배경을 살펴보겠습니다. 예수의 시대보다 700여 년 전에 외국 군대의 위협을 받던 유대의 왕 아하스는 이사야로부터 하느님을 신뢰하도록 독려를 받았습니다. 아하스가 하느님의 도우심을 확신하지 못하게 되었을 때, 이사야는 파멸의 메시지를 예언했습니다. 그러나 그의 예언은 처녀에 의한 임신과는 전혀 상관이 없었습니다. 처녀로 번역된 히브리어는 "알마" (*almah*)인데, 이 말은 결혼은 했지만 아직 첫 아이를 임신하지 않은 젊은 여성을 가리킵니다. 이사야가 말하고자 하는 것은 이것이었습니다: "젊은 여성이 곧 임신하여 사내아이를 가질 것이다; 그 아이가 다 성장하기 전에 유대를 공격하고 있는 나라들과 아하스의 나라 유대가 모두 파멸될 것이다." 하느님이 실로 임마누엘이 될 것이니, 곧 "하느님이 우리와 함께 계실 것"이지만, 그것은 심판을 위해서지 구원을 위해서가 아니라는 것입니다. 이사야의 예언은 특별히 그 당시의 백성들을 향한 것이었습니다. 하지만 마태는 이러한 고대의 말씀들을 심판의 예언보다는 희망의 예언으로 해석했고, "처녀"라는 용어를 마리아의 결혼 이전 상태뿐만 아니라, 임신 기간 동안 그리고 임신 후의 그녀의 상태에까지 적용시켰던 것이지요.

　　마태와 달리, 누가는 그의 언어로 보면 마태의 언어에 너무 가까워서 그가 마태의 것을 염두에 두었을 것으로 가정할 수밖에 없긴 하지만, 이사야의 예언을 특별히 언급하지 않습니다.

　　어떻게 된 것일까요? 이사야에 나오는 구절은 예수에 대한 예언이 아니라, 이사야 시대의 왕에게 보낸 메시지였지요. 하지만 복음서들이 기록될 당시 기독교인들은 이미 예수의 정체성을 해명할 근거를 그들의 히브리 성서에서 찾고 있었습니다. 그들은 이미 예수는 하느님의 선택된 자라고 결론을 내렸습니다. 예수는 이미 그들을 위한 "구원의 능력"을 가지고 있었습니다. 그들은 이미 사람들에게 가르치고 병을 고쳐주고 그러다가 십자가에 처형된 이 예수의 의미를 믿었습니다. 그들이 당시에 했던 것은 예수에 대한 이러한 신앙을 거꾸로 투사시켜(project that faith in him backwards) 예수의 수태와 출생의 때에까지 소급시켰습니다. 하지만 모든 기독교인들이 그렇게 했던 것은 아니었습니다. 이러한 이야기가 마태와 누가가 사용한 전승의 바깥에서는 전혀 발견되지 않기 때문에, 모든 기독교인들이 이사야의 구절을 이와 똑같은 방식으로 해석하지는 않았다는 것을 알 수 있습니다.

그런데 기독교의 반대자들이 예수가 처녀에게서 출생했다는 주장을 접하게 되자, 그들은 예수가 사생아로 태어났음에 틀림없다는 명백한 반증을 만들었습니다. 2세기 말 경에 켈수스(Celsus)라는 비기독교 철학자는 그 부정한 아버지는 판데라(Panthera)라는 로마의 군인이었다고 주장합니다. 이 이름에서 우리는 이사야서 7:14에 나오는 젊은 여인--히브리어로는 "알마"(*almah*)--의 그리스어 번역어 "파르테노스"(*parthenos*)를 흉내내어 비웃는 듯한 분위기를 느끼게 됩니다.

그래서 당신은 처녀 출생 이야기가 예언의 성취가 아니라, 고대의 예언에 기초한 창작이었다고 말하는 것입니까?

그렇습니다. 이사야는 예수에 관해 예언했던 것이 아니라, 기독교인들이 예수에게서 그들 자신의 예언의 역사가 성취되었다고 보았고, 그래서 그들은 고대의 전승들을 예수에 관한 이야기들의 핵심으로 사용하는 데에 아무 거리낌이 없었던 것입니다.

아주 분명하게 말하겠습니다. 저는 예수의 처녀 출생 이야기를 예수의 어머니 마리아의 육체에 관한 **생물학적인 상태**로 이해하지 않고, 예수의 의미에 관한 하나의 신앙고백으로 이해합니다. 처녀 출생은 성인 예수에 대한 신앙을 상징하는 것으로서, 이러한 신앙이 시간상 거꾸로 투사되어 유아기의 예수에 소급된 것이지요.

이와 동일한 과정이 베들레헴에서의 예수 출생 이야기에서도 이루어졌습니다. 마태와 누가는 예수가 베들레헴, 즉 예루살렘 남쪽의 구릉지대에 있는 마을에서 출생했다는 점에서 일치합니다. 그러나 여기에서도 우리는 역사의 세계에 있는 것이 아니라 종교적인 창작의 세계에 있으며, 그 이유는 처녀 임신 이야기와 같습니다. 마태는 특별히 예수의 출생은 이스라엘의 한 통치자가 베들레헴에서 나오게 될 것이라는 미가서에 나오는 고대의 예언이 이루어진 것이라고 말하지요. 누가는 이 구절(미가서 5:2)을 분명하게 인용하지는 않지만, 그 또한 예수를 다윗 계통에서 나오게 될 메시아에 대한 희망이 이루어진 것으로 보고 있습니다.

흥미있는 대목 하나는, 마태가 마리아와 요셉이 이미 베들레헴에 살고 있었던 것으로 전제하고 있다는 점입니다. 반면에 누가는 요셉과 마리아가 나사렛에서 살고 있는 것으로 시작하기 때문에, 그는 이들이 베들레헴에 가서 아기를 낳았다고 해야 했습니다. 그는 이것을 유명한 칙령 이야기를 가지고 전개합니다:

그 때에 아우구스투스 황제가 칙령을 내려서 온 세계가 호적등록을 하게 되었는데, 이 첫 번째 호적 등록은 구레뇨가 시리아의 총독으로 있을 때에 시행한 것이다. 모든 사람이 호적등록을 하러 저마다 자기 동네로 갔다. 요셉은 다윗 가문의 자손이므로, 갈릴리의 나사렛 동네에서 유대에 있는 베들레헴이라 하는 다윗의 동네로 … 올라갔다(누가복음 2: 1-7).

하지만 이 이야기에는 몇 가지 문제점이 있습니다. 첫째로, 아우구스투스 황제 치하에서는 전세계적인 인구조사를 한 적이 없었습니다. 둘째로, 구레뇨가 시리아의 총독으로 있을 때에는 실제로 지방적 차원에서 인구조사가 있었지만, 그것은 헤롯 대왕--예수가 태어날 때에 아직 통치하고 있었다고 기록된--이 죽은 후 10년 뒤의 일이었습니다. 셋째로, 우리는 로마 세계의 조세에 관한 칙령들을 통해 식민치하의 여러 민족들은 통상 그들이 당시 살고 있던 곳에서 인구조사에 응했다는 사실을 알고 있습니다. 즉 그들은 인구조사에 등록하기 위해 그들 조상의 고향까지 찾아갔다가, 다시 일하기 위해 거주지로 돌아왔던 것이 아니었다는 말입니다. 만일 그랬다면, 그것은 오늘날과 마찬가지로 관료주의적인 악몽이었을 것입니다. 이 사실을 지적한다는 것이 다소 씁쓸합니다. 왜냐하면 베들레헴으로의 여행과 여물통 안에서의 출생에 관한 이야기가 너무 아름답고, 또한 이 이야기가 서구 미술과 음악, 기도문을 그토록 꽃피울 수 있도록 영감을 불어넣었기 때문입니다. 그러나 사실을 말하자면, 인구조사와 세금등록을 위한 여행은 종교적 창작, 즉 예수의 부모가 그의 출생을 위해 베들레헴에 갔다고 주장하기 위해 누가의 상상력이 만들어낸 창작이라는 것입니다. 흥미롭게도 요한복음 7장에서는 예수가 메시아인가 아닌가에 관한 논쟁을 발견하게 되는데, 일부 사람들은 메시아가 베들레헴 출신이어야만 하기 때문에 그가 메시아일 수 없다고 주장하고 있습니다. 요한복음의 저자는 예수의 베들레헴 출생에 관한 주장을 전혀 들은 적이 없었거나, 혹시 들었다면 그는 그것을 믿지 않았을 것입니다.

이 모든 것은 사소한 문제에 지나치게 집착하는 것처럼 보일지 모르고, 어떤 면에서는 그렇습니다. 실제로 중요한 것은, 이러한 이야기들 저변에는 예수가 "하느님의 아들"이며 "다윗 가문의 메시아"라는 확신이 깔려 있다는 사실입니다. 예수의 의미에 대한 이러한 표현들은 초대 기독교의 모든 전승들 안에 깊이 간직되어 있습니다. 그러나 예수의 독특한 출생 이야기들은 오직 일부 기독교 공동체들에게만 알려졌고, 초대 기독교 공동체들의 공통적인 신앙을 생동감 있게 표현하는 방식들이었습니다. 이러한 출생 이야기들에 있어서, 고대의 히브리 성서(구약성서)는 그 이야기를 전개시켜 나간 엔진(engine)이었던 것이지요.

그렇다면 역사적 사실의 영역에 있어서 예수의 출생과 유아기에 관해 우리가 알고 있는 것은 아무 것도 없는 것입니까?

그것은 다소 과장된 생각일 것입니다. 예수는 헤롯 대왕의 통치 말기, 그러니까 1세기가 시작되기 몇 년 전에 태어난 듯합니다. 그는 인구가 몇 백 명 남짓한 작은 마을 나사렛에서 요셉과 마리아에게서 태어났습니다. 우리는 마가복음

6:3로부터 그에게는 네 명의 형제(야고보, 요셉, 유다, 시몬)와 최소한 두 명의 (이름이 언급되지 않은) 자매가 있었다는 것을 알고 있습니다. 그리고 예수가 태어났을 때의 사회적 계급에 관해서도 약간 알고 있는데, 이것은 다음 장에서 다시 언급하게 될 주제입니다.

그러나 출생 이야기들의 의미는 사실상 그것들이 우리에게 제공하는 역사적 자료들에 있지 않습니다. 저는 이제 고대 지중해 세계의 또 다른 출생 이야기를 여러분들에게 들려줌으로써 이 말의 뜻을 설명하겠습니다.

로마의 역사가 수에토니우스(Suetonius)는 로마의 첫번째 황제이자 예수 출생 당시의 통치자였던 아우구스투스(Augustus)가 잉태된 이야기를 전해줍니다. 그런데 그는 이 이야기를 황제의 사망시에 나타난 경이로운 사건들 및 징조들과 나란히 그의 전기 제일 끝부분에서 전하고 있습니다. 아우구스투스가 잉태되던 날 밤, 그의 어머니 아티아(Atia)는 아폴로 신전에서 깊은 잠에 빠져, 뱀의 형태를 띤 신에 의해 아기를 갖게 되었답니다. 반면 집에 돌아온 아우구스투스의 아버지 옥타비우스(Octavius)는 태양이 그의 아내의 자궁으로부터 떠오르는 꿈을 꾸었다지요. 달리 말하면, 아우구스투스는 신이신 아버지와 사람인 어머니 사이에서 잉태된 것이었습니다. 만약 당신이 이러한 이야기들은 정치적이거나 사회적인 의미는 없고 단순히 제국주의적인 선전물이었다고 생각한다면, 로마제국의 통치를 받는 아시아 지역에서 달력을 교체하도록 지시한 아래의 고대 칙령을 보기 바랍니다. 이것은 로마와 아우구스투스에게 봉헌된 모든 아시아 신전들의 대리석 비문에서 발견됩니다.

섭리의 신은 … 최고의 선으로써 우리의 삶을 … 드높였
다. 아우구스투스는 … 그리고 자비로써 우리와 우리 뒤
에 오게 될 사람들에게 전쟁을 끝내고 모든 것을 [평화로
운] 질서 속에 놓여지게 할 [구세주를] 허락했다. … 그
결과 우리의 신의 출생일은 그 분 때문에 세계를 위한 좋
은 소식의 시작을 알리는 계기가 되었다. … 그러므로 …

그리고 계속하여 모든 아시아 도시들의 새해는 시이저 아우구스투스의 출생일로부터 시작될 것이라고 선언합니다.
이러한 칙령의 빛에서 예수의 출생을 예고하는 천사에 관한 누가의 이야기를 들어보시기 바랍니다. 잠시동안 이것의 사실 여부에 관한 질문은 접어두시기 바랍니다. 그것의 발생여부에 대해서도 접어두시기 바랍니다. 그리고 시이저의 출생에 관한 선언의 빛에서 이 이야기에 귀 기울이시기 바랍니다.

드디어 첫아들을 낳았다. 여관에는 그들이 머무를 방이 없었기 때문에 아기는 포대기에 싸서 말구유에 눕혔다. 그 근방 들에는 목자들이 밤을 새워가며 양떼를 지키고 있었다. 그런데 주님의 영광의 빛이 그들에게 두루 비치면서 주님의 천사가 나타났다. 목자들이 겁에 질려 떠는 것을 보고 천사는 "두려워하지 말라. 나는 너희에게 기쁜 소식을 전하러 왔다. 모든 백성들에게 큰 기쁨이 될 소식이다. 오늘 밤 너희의 구세주께서 다윗의 고을에 나셨다. 그 분은 바로 주님이신 그리스도이시다. 너희는 한 갓난아이가 포대기에 싸여 구유에 누워 있는 것을 보게 될 터인데 그것이 바로 그분을 알아보는 표이다"하고 말하였다. 이 때에 갑자기 수많은 하늘의 군대가 나타나 그 천

사와 함께 하느님을 찬양하였다. "하늘 높은 곳에는 하느님께 영광, 땅에서는 그가 사랑하시는 사람들에게 평화!"
(누가복음 2:7-14)

이제 우리는 누가와 마태가 제기한 실질적인 물음을 감지할 수 있는 단계에 왔습니다. 즉 문제는 "하느님을 도대체 어디에서 찾을 수 있는가? 아우구스투스 황제 안에 계신가? 아니면 농민 예수 안에 계신가?" 하는 것입니다. 두 개의 이야기를 사실적/역사적으로 생각하든 아니면 은유적/상징적으로 생각하든, 어느 경우이든 이러한 도전에 직면하게 됩니다: 즉 당신은 당신의 하느님을 어디에서 발견합니까? 힘있는 자, 정복자, 그리고 압제자와 더불어입니까? 아니면 힘없는 자, 피정복자, 그리고 피압제자와 더불어입니까?

제가 이 물음을 단순히 20세기의 관점에서 던지는 것이 아니라는 것을 보여주기 위해, 비기독교적 비평가 켈수스에게로 다시 돌아가 보도록 하겠습니다. 그는 결코 처녀 출생을 믿을 수 없다고 주장했던 것이 아니었습니다. 그의 주장은 단지 하층계급의 사람들, 예수와 같은 유대인 농민에게서 그런 일이 일어날 수 있다는 것을 믿을 수 없다는 것이었습니다. 그건 "말도 안 되는 소리!"라고 켈수스는 말했습니다. 그는 그리스 영웅들의 신적인 출생에 관해 많은 이야기들을 알고 있었습니다. 예수에 대한 그의 질문은 "옛 영웅들 못지 않은 놀라운 가르침과 행위들로서 당신이 했던 것은 무엇인가?" 하는 것이었습니다. 켈수스를 꺼림칙하게 했던 것은 예수가 신적인(divine) 존재라는 주장이 아니라, 예수(Jesus)가 신적인 존재라는 주장이었지요. 사실상 그의 계급중심적 사고방식은 기독교에 대한 그의 반대입장의 기초가 되고 있습니다. 그는 예수의 종교가 하층계급에 기초를 두고 있고, 주로 서민과 무식한 대중들 사이에서 퍼져나갔다는 것을 불만스럽게 생각합니다. 그러므로 이러한 이야기들의 의미가 그 문자적인 이해 속에 있는 것이 아니라고 말한 것은 단순히 20세기의 학자인 저 크로산만이 아닙니다. 고대의 비평가 역시도 문제는 그것(문자적인 이해)보다 깊은 곳에, 다시 말하면 하느님이 예수와 같은 하층계급의 농민에게서 계시될 수 있겠는가 하는 데에 있었다는 것을 알고 있었습니다. 누가 그것을 믿을 수 있었겠습니까?

한 가지만 더 언급하겠습니다. 만약 지금 여기에 마태와 누가가 있어서 우리가 그들에게 이 이야기들을 문자적으로 읽어야 하느냐고 묻는다면, 그들은 이렇게 대답할 것입니다: "아니 아직도 모르겠어요? 당신은 핵심을 놓치고 있어요." 그러므로 안내했던 별, 동방박사, 여물통, 베들레헴, 목자, 천사, 그리고 처녀 출생 등이 사실이 아니라고 주장하는 것으로는 충분하지 않지요. 이러한 것들이 사실이 아니라는 주장이 맞기는 하지만, 이러한 것들은 핵심의 바깥에 있습니다. 그것들은, 지금도 그렇지만, 그 때 당시의 실제 핵심을 비껴가고 있습니다. 즉 핵심적 질문은, "당신은 계시된 신을 도대체 어디에서 발견하게 되는가? 시이저 안에서인가, 아니면 예수 안에서인가?" 하는 질문입니다. 제국의 영광 속에서인가, 아니면 농민의 가난 속에서인가? 위로부터 아래로 다른 사람들을 지배하고 종속시키는 것 속에서인가, 아니면 아래로부터 위로 다른 사람들의 가능성을 열어주고 해방하는 것 속에서인가? 이러한 것들은 성탄절과 관련한 질문들입니다. 그리고 그것들은 예수의 출생 이야기들의 의미에 우리를 접근하게 해주는 물음들입니다.

만약 예수의 처녀 잉태가 문자적으로 사실이 아니라면, 당신은 예수가 하느님의 아들이 아니라고 말하고 있는 것입니까?

전혀 그렇지 않습니다. 하지만 저는 사실의 진술(a statement of fact)과 신앙의 진술(a statement of faith) 사이를 강조해서 구분하고자 합니다. 예수가 인간이라든지 혹은 나사렛 출신이었다는 것은 사실의 진술로서, 누구나 말할 수 있습니다. 그러나 예수가 신적인(divine) 존재라든지 혹은 하느님으로부터 왔다는 것은 신앙의 진술로서 기독교인만이 말할 수 있습니다. 이러한 신앙의 진술은 우리에게 현존해 있는 하느님을 특별히, 구체적으로, 그리고 유일하게 예수 안에서만 발견할 수 있다는 것을 선언합니다. 예수가 신적인 분, 혹은 "우리를 위한 하느님"(God-for-us)이라는 것은 예수에 대한 우리의 관계를 표현하지요. 이것은 예수의 몸에 대한 유전자 조사를 통해 정상적인 인간의 과정과 다른 어떤 것을 밝힐 수 있다는 것이 아닙니다. 그의 유전자나 염색체는 비인간적인 혹은 초인간적인 것을 보여주지는 않을 것입니다. "신적"이라는 용어는 하느님과 예수와 신앙인 사이의 관계를 말해 줍니다.

위의 대답에 있어서, 당신은 애써 "하느님의 아들"이라는 칭호(title)를 사용하지 않으려고 하는 것은 아닙니까?

예, 저도 그렇게 생각합니다. 예수의 시대에 "아들"이라는 용어가 강조될 때에는, 그것은 통상 맏아들을 가리켰고,

맏아들은 상속자를 뜻했습니다. 예수를 "하느님의 아들"이라 부르는 것은 하느님의 모든 선물들이 예수 안에서, 예수를 통해서 우리에게 온다는 것을 뜻합니다. 그러나 오늘날의 우리 시대에 아버지/아들이라는 말은 남성우월주의나 여자를 제외시키는 배타적인 것으로 보이며, 따라서 저는 오늘날의 이러한 분위기를 거슬러서 이 용어를 사용할 필요를 느끼지 않습니다. 그러나 다시 한번 주장하고 싶은 것은, 예수를 하느님의 아들로 고백하는 것은 예수가 마리아와 요셉 사이에서 정상적으로 임신된 과정에 신적인 간섭이 있었다는 것과는 아무 상관이 없다고 하는 것입니다. 신적 개입(divine intervention)에 의한 처녀 임신은 이미 믿어져 온 것, 즉 하느님과 예수와 기독교 신자들 사이의 독특한 관계를 회화적인 이야기로 표현하는 하나의 비유입니다.

기독교는 항상, 우리의 예수는 문자적으로 그리고 역사적으로 특별한 신적 개입에 의해 임신되었다는 것을 유일무이하게 진리인 것으로 주장해 왔습니다. 만약 예수가 문자적으로 그리고 역사적으로 성령의 능력에 의해 처녀 마리아에게 임신된 것이 아니라면, 이러한 기독교의 주장은 어떻게 되는 것입니까?

모든 사랑이 그렇듯이, 모든 신앙도 철저히 구체적이고 절대적으로 유일무이한 것으로 경험되어야만 합니다. 남녀가 사랑할 때, 특정한 이 남자가 특정한 저 여자를 사랑합니다. 우리의 인간성은 그 가장 깊은 순간들에 있어서 그리고 그 가장 심오한 깊이에 있어서 특수합니다. 이것을 상상해보시기 바랍니다. 제가 내일 아침 저의 아내의 옆에서 일어나며 이렇게 말한다면 어떻게 되겠습니까? "만약 내가 당신을 만나 사랑에 빠져서 결혼하지 않았다면, 나는 아마도 다른 누구와 만나 사랑에 빠져 그 여자와 결혼을 했을 것이고, 오늘 아침 그 여자 옆에서 잠을 깨었겠지." 이것은 하루를 시작하는 가장 분별없는 행동일 것이겠지만, 이것이 엄연한 사실이라는 것을 우리는 압니다. 그러나 다시 말하거니와, 우리의 인간성은 특수한 것 속에서 성취됩니다. 그러므로 사랑과 마찬가지로, 신앙도 유일무이하고 절대적이고 대체할 수 없는 것으로 경험되어야만 합니다. 그러나 우리가 또한 알아야만 하는 것은, 다른 사람들도 그들의 신앙을 우리와 똑같이 유일무이하고 절대적이고 대체할 수 없는 것으로 경험한다고 하는 사실입니다. 모든 종교는 그 신자들에게 절대적으로 유일무이한 것으로 경험되어야만 합니다. 그러나 모든 종교는, 다른 종교와 마찬가지로 기독교도, 다른 종교인들이 이와 같은 유일무이성을 경험한다는 점을 인정해야만 합니다. 종교들은 공개적인 대화 속에서 자신을 다른 종교와 비교할 수도 있고 비교해야만 하겠지만, 어느 종교도 거룩한 것, 신성한 것, 혹은 신적인 것에 대한 독점을 주장할 수는 없습니다. 실로 이러한 독점적 주장 속에 종족살해의 충동이 배태되어 있는 것이지요. 즉 나만이 홀로 절대적으로 옳은 것이 될 수 있는 하나의 방식은 다른 모든 사람들이 죽는 것이기 때문입니다. 그리고 다른 모든 사람들이 죽는 하나의 방식은 내가, 우리가, 혹은 우리의 하느님이 그들을 죽이는 것입니다. 다음 천년시대를 위한 도전은 자기 자신의 신앙을 온전한 정체성을 가지고 지키면서 동시에 다른 사람들의 신앙의 정체성을 부정하거나 파괴하지 않는 것입니다.

3장

세례 요한은 예수와 어떤 관계에 있었는가?

저는 40년 넘게 일해 온 수녀입니다! … 이제 와서 저는 교회가 저를 배신해왔다는 것을 느끼게 됩니다! 성서학자들이 예수와 초대교회에 관해 발견/회복하고 있는 이러한 놀라운 사실들은 우리가 서로 나누어야만 할 것들이며, 그 사실들에 의해 우리가 다시 활기를 얻어야 하는 것들입니다. 저는 심한 고독감을 느끼고 있으며, 성만찬을 함께 나눌 사람이 없습니다. 우리가 공동체를 축하하지 않는 한, [이것은] 의미 없는 것처럼 보입니다. 그래서 일요일과 평일에 교회에 가는 것은 저를 좌절에 빠지게 할 뿐입니다. … 우리가 먹는 빵은 그리스도의 몸입니까, 아니면 그의 현존에 대한 상징입니까? … 정직하게 말해서, 이것은 저에게 아무런 차이가 없습니다. 무엇이 일어나느냐 하는 것이 참으로 중요합니다. 상징은 실재가 될 수 있습니다.

미시간으로부터 한 여성이

저는 저 자신의 경험상 크로산 박사님이 의도적으로 과격한 역할을 수행하고 있는 것이 아니라, 오히려 그의 고고학적, 인류학적, 사회학적 지식이 점차 늘어나면서 정직하게 도달한 바로 그곳을 향해 움직여왔다고 믿고 있습니다. … 신비는 비합리적일 필요가 없습니다. 기독교의 선봉자(예수 - 역자주)가 그처럼 재빨리 처리되었음에도 불구하고, 기독교가 여전히 살아있다는 사실 속에 … 이미 충분한 신비가 있습니다. 또한 사람과 하느님 사이에 어떠한 중개자도 필요 없이 철저히 이타주의적인 사회를 외쳐온 예수의 메시지가 아직도 살아있다는 사실, 다시 말해서 고고학, 인류학, 사회학, 그리고 크로산 박사님과 같은 신앙인들이 그 베일을 벗겨내어 우리로 하여금 그 메시지의 빛이 아직도 비추고 있음을 확인시켜 줄만큼 오랜 동안 살아 있다는 사실, 그것 자체가 이미 충분히 신비입니다.

미시간으로부터 한 여성이

예수 세미나와 관련한 당신의 작업과 예수의 삶에 관한 당신의 개인적 작업에 대해 감사를 드립니다. 당신의 책들을 읽어 가는 동안, 저의 신앙은 더욱 깊어졌고 더욱 현실적인 것이 되었습니다. 당신과 당신의 동료들은 제가 항상 마음 속 깊은 곳에서 의식해 온 것들을 말해 주었습니다. … 당신이 작업한 것을 읽음으로써 저의 신앙은 더 깊어지게 되었고, 교회 안에서 장년들을 가르치는 일에 저의 삶을 다시 헌신할 수 있게 되었습니다. 저는 이러한 소명을 10년 전에 개인적 이유와 공동체적 이유 때문에 포기해 버렸습니다. 그러나 당신이 제시하는 신실한 목회의 모델은 저로 하여금 그 때의 결단을 다시 평가할 수 있는 용기를 주었습니다.

미시간으로부터 한 여성이

저는 성서가 오류가 하나도 없는 하느님의 말씀이라는 것을 믿어온, 반쯤은 문맹의 가난한 경비원입니다. … 당신 크로산 박사에게 묻고 싶은 한 가지 물음은, 누가 당신을 여호

야김의 상속자로 임명했느냐 하는 것입니다. 누가 당신을 선택하여 하느님의 복음을 지적으로 가위질하고 불태우게 한 것입니까? 당신이 하느님을 믿는 신자들을 지금 얼마나 상처 입히고 있는지 아십니까?

알라바마로부터 한 남성이

당신은 지금 공격의 표적이 되고 있는 것으로 생각됩니다. … 만약 예수 세미나의 작업이 효과를 발휘하여 (말하자면) "예수가 한번 더 명백하게 말씀하신다"면, 그때에는 지금의 이 낡은 세계에 전적으로 새로운 어떤 변화가 있을 것입니다! 루쉬디(『악마의 시』라는 책을 1989년에 출판하여 모슬렘 교도들로부터 살해위협을 받은 작가 - 역자주)에 대한 아야톨라의 대응처럼, 열화와 같은 반응이 있을 수 있을 것입니다. *The National Inquirer* 잡지에 나오는 이야기처럼, 당신과 당신의 동료들이 평지풍파를 일으키는 것에 대해 엄청난 불쾌함도 있을 수 있을 것입니다. … 어쩌면 새로운 종교개혁이 일어날지 누가 알겠습니까?

사우쓰 캐롤라이나로부터 한 남성이

얼마 전 저는 위스콘신주의 The Idea Network인 WBAY 방송국에서 가진 당신과의 인터뷰 방송을 들었습니다. … 저는 예수와 세례 요한에 대한 당신의 평가에 다소 놀랐습니다. (1) 요한은 자신을 예수 위에 두려고 하지 않았습니다. (2) 세례 요한은 "나는 쇠하여야 하고, 당신은 승하여야 한다"고 말했습니다(요 3:30). (3) 그는 일반적으로 예수의 선구자로 알려져 있습니다. … 저는 인터뷰하는 사람이 당신이 예수 그리스도를 평가절하하는 것에 반대하여 예리하게 질문하는 것을 주목했습니다.

위스콘신으로부터 한 여성이

　　예수가 만약 그 당시 유대인들의 역사 속에서 요한의 선교와 메시지에 대한 자신의 관점을 바꾸었다고 한다면, 그의 제자들은 혼동을 일으켰을 것이고, 그의 신뢰도는 떨어졌을 것입니다. 오직 비유대인만이, 과거든 현재든, 기독교의 입장 혹은 당신의 입장을 받아들일 수 있을 것입니다. 유대인은 과거나 현재나 그 어느 입장도 받아들일 수 없습니다. 당신이 저에 관해 무엇을 느끼고 무엇을 믿든지, 저는 당신이 용기있고 가치있는 사람이라고 믿습니다.

플로리다로부터 한 남성이

　　세례자 요한에 관해서 말하자면--여기에서는 Q 복음서에 나오는--그는 사막의 견유학파적(Cynic) 현인이었던 것 같습니다. 기독교인들이 예수를 묵시문학화했던 것처럼, 이들이 세례 요한을 묵시문학화했을 가능성은 없습니까? 이것은 예수의 독특성을 해체시키는 것이 아니라, 그의 독특성을 은둔자와 여행자 사이의 차이에서 살피려는 것입니다.

사우쓰 캐롤라이나로부터 한 남성이

　　누가복음에 나오는 예수의 할례와 성전에서의 정결예식에 관한 이야기들과, 안나와 시므온의 예언들, 그리고 특별히 예수가 12살 때 성전에서의 장면은 어떻게 되는 것입니까?

　　이와 병행을 이루는 것으로서, 예수가 일관되게 세례 요한보다 높여지고 있는 예수의 어린 시절에 관한 누가의 여러 이야기들에 관해 제가 앞서 언급했던 것들을 상기하시기 바랍니다. 질문에서 언급된 이야기들은 그 과정에 속합니다. 물론 예수는 율법을 잘 준수하는 유대교 부모의 모든 남자 아이들과 마찬가지로 할례를 받았을 것입니다. 그러나 세례 요한은, 예를 들어, 그의 고향의 제한된 범위 내에서 세상에 알려졌던 반면, 예수는 바로 성전 안에서 세상에 알려졌지요. 하지만 예수가 세례 요한에 비해 월등하게 높여지는 것은 특별히 12살 때의 사건을 통해서입니다. 왜냐하면 요한에게는 이에 견줄 만한 이야기가 없기 때문입니다. 예수의 조숙성에 대한 이 설명은 요세푸스가 자서전에서 자기 자신에 관해 말한 것과 매우 유사합니다. 요세푸스는 "단지 14살 가량의 소년"이었을 때, 매우 학식이 뛰어나서 "대제사장과 도시의 지도자들이 항상 나를 찾아와 우리 법의 어떤 특수한 문제들에 대한 정확한 정보를 얻어가곤 했다"(*Life* 9)고 합니다. 예수나 요세푸스에 관한 이러한 이야기들은 도덕적 탁월성과 경전에 대한 박식함에 대한 전형적인 주장들입니다. 그 어느 것도 사실적인 내용을 제공하지는 않습니다. 오히려 그것들은 한 어린아이의 미래가 이미 어린 시절, 혹은 어른이 되어 가는 초기부터 엿보였다고 주장함으로써, 그 미래의 중요성을 표현해 내는 창작적 방식들입니다.

저는 "예수의 감추어진 시기들"에 관한 책 광고를 본 기억이 납니다. 우리는 예수의 어린시절에 관해 과연 얼마나 알 수 있는 것일까요?

역사적 측면에서는 사실상 아무 것도 알 수 없습니다.
때때로 오랜 동안 잃어버린 예수의 어린 시절과 젊은 시절에 관한 이야기들을 말할 목적으로 책들이 쓰여지기도 합니다. 이러한 것들은 신약성서에서는 그 근거를 발견할 수 없는 전설들에 근거한 것들입니다. 신앙의 상상력은 누가의 절제된 간주, 즉 "아이는 점점 커지고 강해져서 지혜로 충만하여졌고, 하느님의 은총이 그 위에 있었다."에 만족할 수 없었던 것이지요. 그리하여 소년 예수를 둘러싸기 위해 전설의 보자기가 만들어졌습니다. 예를 들어, 예수의 유아기를 언급한 2세기의 한 복음서는 예수가 5살이 되었을 때 부드러운 진흙을 가지고 어떻게 12개의 참새 모양을 빚었는지를 말하고 있습니다. 예수의 이 행위가 안식일에 일하지 말라는 율법을 범했다고 하여 분노한 이웃사람이 예수의 아버지 요셉에게 불만을 토로했고, 요셉은 예수를 야단쳤지요. 이에 예수는 손뼉으로 응답하면서 "날아가라!" 하고 말하자 그 진흙 참새들은 곧 생명을 얻어 지저귀면서 날아갔답니다.

　이러한 이야기들에서 초자연적인 어린 예수는 그의 능력을 사용하는 데 있어 언제나 그렇게 귀엽고 순진했던 것만은 아니었습니다. 예수는 화가 나면 그를 방해하는 사람들을 저주하고 말라죽게 했으며, 그래서 요셉이 한번은 마리아에게 "그를 문밖에 못나가게 하시오. 그를 화나게 하는 사람들은 모두 죽게 될 것이요!"라고 명령했을 정도였다고 합니다. 물론 이러한 전설들 중에는 어느 것도 그 안에 역사적 진실을 담은 것은 없습니다. 사실을 말하자면, 예수의 어린 시절과 소년 시절에 관해서는 우리가 아는 것이 아무 것도 없습니다. 이 점은 결코 놀랄 일이 아니지요. 훨씬 나중에 가서야 비로소 유명해진 사람들의 어린 시절 이야기가 대개 그렇듯이, 예수의 초기 생애에 대해서도 주목하거나 관심 갖는 사람은 아무도 없었기 때문입니다. 예수 출생 당시의 로마 황제였던 시이저 아우구스투스조차도 그의 공식적인 자서전을 "19살이 되던 해에"라는 말로 시작했고, 따라서 그 결정적인 성인기 이전에 일어났던 모든 일들은 무시되었습니다.

당신은 예수의 출생 이야기들을 언급할 때, 예수가 태어난 사회적 계급에 관해서는 우리가 알 수 있는 것이 있다고 말했습니다. 이것은 예수의 어린 시절에 관해 무언가 알 수 있는 것이 있다는 것을 의미하는 것이 아니겠습니까?

예, 그렇습니다.

예수의 사회적 계급에 관해 우리가 알고 있는 것은 예수의 형제 자매에 관해 언급한 것과 똑같은 출처에 나타나 있습니다. 마가복음 6:3절에는 이렇게 기록되어 있습니다. "이 사람은 마리아의 아들 **목수**가 아닌가? 그는 야고보와 요셉과 유다와 시몬의 형이 아닌가? 또 그의 누이들은 모두 우리와 같이 여기에 살고 있지 않은가?" 이 본문은 예수에게 네 명의 형제가 있다는 것뿐만 아니라, 그들의 이름이 누구라는 것과 최소한 두 명 이상의 누이들이 있었다는 것을 알려 줍니다. 더 나아가 예수가 목수였다는 것도 전해 줍니다. 그러나 마태가 같은 이야기를 말할 때에는 동네 사람들의 질문을 약간 변형시켜서 "이 사람은 **목수의 아들**이 아닌가?"라는 질문으로 바꿉니다. 그래서 이 이야기에 관한 전승은 요셉이나 예수 둘 중의 하나가, 혹은 아마도 두 사람 모두가 (아들들이 종종 그 아버지의 전철을 따르는 사회에서는) 목수였다고 우리에게 전합니다. 이것은 예수가 태어난 사회적 계급에 관해 우리에게 무엇을 말해 주는 것인가요?

여기에서 "목수"라는 말을 현대적 의미로 오해하지 않는 것이 중요합니다. 오늘날 미국에서는 목수가 숙련되고, 보수도 괜찮은 중산층의 존경받는 사람이지요. 그러나 1세기에는 그렇지 않았습니다. 여기에 "목수"로 번역된 그리스어는 "텍톤"(tekton)입니다. 그리스-로마 세계의 한 학자는 교양있는 상층계급 저술가들이 하층계급에 대해 사용했던 용어들을 모은 "속어 사전"을 출판했는데, 이것은 무식한 하층계급 사람들에 대한 그들의 편견을 보여주고 있습니다. "텍톤"은 그러한 경멸적인 용어들 가운데 하나입니다.

그리스-로마 세계는 손으로 노동하는 사람들과 그렇지 않은 사람들을 예리하게 구분했습니다. 그 구분의 상층계급 쪽에는 네 그룹이 있었습니다. 우선 **지배계급**은 인구의 1~2% 사람들로서 국토의 50%를 소유했으며, 사제들은 토지의 15% 정도를 소유했으며, 가신들은 지배계급과 사제계급을 섬겼던 관료들과 군인들로 이루어졌으며, 그리고 **상인들**은 하층계급에서 시작했으나 상당한 부를 쌓고 정치적 권력까지 장악한 사람들입니다. 반면에 하층계급 쪽에는, 첫째로, **농민들**이 있었는데, 이들은 인구의 대부분을 차지했고, 그들 수확물의 3분의 2는 상층계급을 지원하는 데로 흘러 들어갔습니다. 이들은 최하의 생존 조건에서 살았으며, 가뭄이나 빚이나 병이나 죽음으로 인해 그 토지를 잃게 되면, 물납(物納) 소작인, 차지(借地) 소작인, 혹은 그보다 더 열악한 처지가 되었지요. 다음으로는 **장인(匠人)**들이 있었는데, 이들은 인구의 5% 정도를 차지했고, 사회계급상 농민보다 낮은 계급이었습니다. 왜냐하면 이들은 대개 토지에서 쫓겨난 소작농 집단에서 충원되었기 때문입니다. 끝으로 장인계급보다 아래에는 비천하고 희생가능한 계급이 있었는데, 이들은 사회로부터 버림받을 만한 직업을 갖고 있었거나, 아니면 거지, 일용 노동자, 율법사회에서 추방당한 자, 혹은 노예로 전락한 사람들이었습니다.

만약 예수가 목수 집안 출신이었다면, 예수는 장인 계급에 속했을 것입니다. 이것은 그가 농민보다 낮은 계급, 즉 농민 계급과 천민 계급 사이의 위태로운 상태에 빠진 사람들 중의 한 사람이었음을 뜻합니다. 그러므로 예수는 가까스로 생존했던 사람들의 가장자리에서 살았던 것이지요. 그리고 예수의 시대에는 유대인들의 95%에서 97%가 문맹이었기 때문에, 예수 또한 문맹이었을 것으로 추정할 수밖에 없습니다. 구전 문화(oral culture) 속에 있던 대부분의 동시대인들과 마찬가지로 예수는 전승의 기본적 이야기들은 알았을 것이나, 학식있는 서기관들의 정확한 본문들과 논점들은 몰랐을 것입니다. 이것은, 예를 들어, 예수가 이사야서의 한 구절을 원숙하게 해석하여 나사렛의 이웃 사람들을 놀라게 했다는 누가복음 4장의 장면이 복음서 저자의 창작이라는 것을 우리에게 말해 줍니다. 이 장면을 통해 누가가 한 것은, 누가 자신이 학식있고 숙련된 성서해석자로서, 예수가 말로써 도전하고 권위를 보여준 것을 예수가 당시의 서기관들 이상으로 학식과 해석능력을 갖추고 있었다고 풀이한 것입니다.

따라서 역사적으로 우리는, 우선, 하층계급 출신의 예수를 만나게 되는데, 그는 세례 요한에게서 세례를 받기 위해 많은 사람들과 더불어 요단강으로 나아가고 있었지요.

예수가 요단강에서 요한에게 세례받았다는 것은 어떻게 확신할 수 있습니까?

예수에 관해 가장 확실한 것은 예수가 요단강에서 세례 요한에게 세례를 받았다는 사실입니다.

우리의 확신의 근거는, 기독교 전승이 이 세례 사건에 대해 점점 더 곤혹스러움을 보여주고 있다는 사실에 있습니다. 교회가 예수에 관한 전승 때문에 당혹스러워 한다면, 그 전승은 실제 역사에 근거를 두었을 가능성이 매우 큽니다. 왜 교회가 예수의 세례 이야기 때문에 곤혹스러워 했겠습니까? 그것은 예수가 다른 사람들과 마찬가지로 "죄의 용서를 위해" 세례를 받았다고 말하는 결과를 가져오고, 또한 요한을 예수에게 세례를 준 사람으로서 예수보다 우월한 위치에 놓게 되는 결과를 가져오기 때문이었습니다.

그래서 마가는 예수를 옹호하는 아무런 부언설명 없이 세례 이야기를 전하고 있음에도 불구하고, 여기에 곧바로 예수에게 들려오는 하늘의 소리에 관한 이야기를 덧붙이고 있습니다: "너는 내 사랑하는 아들이다. 내가 너를 좋아한다" (마가복음 1:11). 마태는 여기에서 한 걸음 더 나아가서, 요한으로 하여금 세례받으려는 예수를 만류하게 만듭니다: "내가 선생님께 세례를 받아야 할 터인데, 선생님께서 내게 오셨습니까?"(마태복음 3:14). 끝으로 요한복음에서는 실질적인 세례에 대해서는 아무런 설명도 없이 예수를 하느님의 아들로 증언합니다(요한복음 1:34). 이 때에 요한에 의한 예수의 세례는 사라지고, 예수의 중요성에 대한 계시만이 남게 됩니다. 이러한 전체적 발전과정은 기독교 공동체들이 예수가 죄의 용서를 위해 세례를 필요로 했을 것이라든지, 혹은 어떤 방식으로든 요한에게 종속되었을 것이라는 암시에 대해 불편해 했다는 것을 보여 주고 있습니다. 교회는 이러한 문제들을 일으킬 이야기를 고안해 냈을 리 없기 때문에, 교회가 보여준 당혹감은 거꾸로 세례의 역사성에 대한 확신을 강화시켜 주는 것이지요.

세례 요한을 생각할 때, 가장 먼저 떠오르는 것은 춤추던 소녀가 요한의 머리를 쟁반에 담아 자기에게 달라던 소름끼치는 이야기입니다. 요한은 왜 그처럼 갑작스럽게 처참한 종말에 이르게 되었습니까?

당신이 지적한 성서 이야기(마가복음 6:17-29)에 따르면, 헤롯 안티파스는 자기 동생 빌립의 아내와 결혼한 문제로 인해 자기를 비판한 요한을 사람을 시켜 체포하게 합니다. 요한의 비판에 화가 난 헤롯의 이 부인은 헤롯왕 앞에서 춤을 춘 자기 딸을 시켜, 딸의 소원을 들어주겠다는 왕에게 요한의 머리를 요청하도록 만드는데, 왕이 그 딸의 요청을 들어주겠다고 엄숙히 맹세한 것이기에 왕으로서도 거절할 수 없었다는 것입니다. 이것은 매우 극적인 이야기이지만, 그러나 창작입니다. 이것은 아마도 앞서 잘 알려진 지중해 연안의 공포스런 이야기, 즉 요한보다 한 세기 전에 연인의 호기심을 만족시키기 위해 연회석상에서 한 죄수의 목을 베게 했다가 직위해제 당한 어느 로마 원로원 의원에 관한 이야기로부터 비롯되었을 것입니다. 달리 말하면, 이것은 권력을 남용하지 말 것에 관한 전통적인 이야기입니다.

그러면 요한을 체포하고 처형한 역사적 이유는 무엇입니까?

제 1세기 유대인 역사가 요세푸스는 세례 요한의 활동에 대해 다음과 같이 기록하고 있습니다:

> 사람들이 요한의 설교 때문에 크게 자극되어 그를 중심한 군중에 합세하게 되자, 헤롯이 놀라게 되었다. 군중들에게 대단한 효과를 발휘한 그의 웅변술이 어떤 형태로든 선동을 했을 것이다. 왜냐하면 그들의 모든 행동은 요한에 의해 조종되는 것처럼 보였기 때문이다. 그래서 헤롯은 큰 일이 벌어지기 전에, 먼저 그를 쳐서 그의 활동이 폭동으로 치닫기 전에 그를 없애는 것이 훨씬 낫겠다고 결정했다. … 그래서 요한은 헤롯의 의심 때문에 차꼬에 채워져 마캐루스(Machaerus)로 이송되었고, … 그곳에서 살해되었다.

여기에 언급된 내용들에 주목하시기 바랍니다: 요한은 그의 설교로 사람들을 자극했고, 사람들은 그들의 모든 행동에 있어 그를 따르고자 했고, 그리고 당국은 이것이 어떤 형태의 선동이나 혹은 폭동으로까지 치달을지 모른다고 두려워했다는 것이지요. 요한은 헤롯의 결혼문제에 대해 단순히 비판한 것보다 훨씬 더 심각한 의미에서 위협적인 존재로 보였던 것이 분명합니다.

사람들을 그토록 자극했던 요한의 설교내용에 대해 Q 복음은 다음과 같이 말하고 있습니다(마태복음 3:7-12).

> 독사의 자식들아, 누가 너희에게 닥쳐올 징벌을 피하라고 일러주더냐? 회개에 알맞은 열매를 맺어라. 그리고 너희

는 속으로 주제넘게 '아브라함이 우리 조상이다' 하고 말할 생각을 하지 말아라. 내가 너희에게 말한다. 하느님께서는 이 돌들로도 아브라함의 자손을 만드실 수 있다. 도끼가 이미 나무 뿌리에 놓였으니, 좋은 열매를 맺지 않는 나무는 다 찍혀서, 불 속에 던져진다. 나는 … 너희에게 물로 세례를 준다. 내 뒤에 오시는 이는, 나보다 더 큰 능력을 가지신 분이다. 나는 그의 신을 들고 다닐 자격조차 없다. 그는 너희에게 성령과 불로 세례를 주실 것이다. 그는 손에 키를 들었으니, 자기의 타작 마당을 깨끗이 하여, 알곡은 곳간에 모아들이고, 쭉정이는 꺼지지 않는 불에 태우실 것이다.

이것은 무엇을 의미합니까? 요한은 이제 곧 응징하시는 분으로 오시게 될 하느님에 관해 말하고 있습니다. 하느님은 도끼를 가지고 좋은 나무를 나쁜 나무로부터 가려내는 나뭇꾼과 같고, 쭉정이로부터 알곡을 가려내는 키잡이와 같다는 것이지요. 요한의 불타는 듯한 비전에는 오직 두 개의 길, 즉 선한 것과 악한 것밖에 없으며, 사람들이 이쪽과 저쪽 사이에서 결단해야 할 시간은 짧습니다. 옛 예언자들처럼, 하느님은 악한 세대를 바로잡고 억눌린 사람들을 구원하기 위해 오실 것이라고 그는 선언합니다. 요한은, 달리 말하면, 응징하실 하느님의 도래를 선언하는 묵시종말적 설교가입니다.

"묵시종말적 설교가"라니요? "묵시종말적"이라는 말은 무슨 뜻입니까?

"묵시종말적"(apocalyptic)이라는 말은 요한에 대한, 그리고 사실 예수에 대한, 저의 논점의 핵심으로 인도하는 개념입니다. 그러므로 이 개념을 분명히 이해하기 위해서는 약간의 시간이 필요합니다. 그러나 우선 그 역사적 배경에 대해 간단히 언급하고자 합니다.

오늘날까지도 우리는 종종 *Pax Romana*(로마의 평화)에 관해 이야기합니다. 달리 말해, 우리는 로마의 자기이해가 버질(Virgil)의 *Aeneid*의 유명한 싯귀에 표현된 것으로 받아들여 왔습니다:

> 로마인이여, 세계 모든 사람들을 지배할 수 있는
>   너의 힘을 기억하라--너의 예술은 이것이다:
>   평화를 이룩하고, 법의 규율을 부과하고,
> 피정복자를 용서하고, 교만한 자를 꺾는 것을 기억하라.

이것은 로마의 권력과 규율에 대한 매우 온건한 관점입니다. 그러나 잠시 아래로부터, 즉 피정복민의 관점으로부터 그 규율이 어떻게 보였고, 또 어떻게 느껴졌을 지를 생각해 보십시오.

로마의 역사가 타키투스(Tacitus)는 1세기 후반에 영국을 통치한 그의 장인 아그리콜라(Agricola)의 전기를 썼습니다. 이 전기에서 그는 한 반역 장군으로 하여금 로마 제국을 다음과 같이 기술하게 합니다: "강탈, 학살, 절도, 이것들이 그들이 부르는 로마이다; 그들은 폐허를 만들고서, 이것을 불러 평화라고 한다."

이것은 아래로부터 본 *Pax Romana*(로마의 평화)의 모습입니다. 그러므로 우리는 이렇게 물어야 할 것입니다. 즉 억압받은 사람들은 군사적으로 정복당하고, 경제적으로 착취당하고, 사회적으로 패배하게 되었을 때 어떻게 대응했는가?

두 가지 길이 있지요. 하나의 길은 끝까지 싸우는 것으로서, 이는 통상 압도적인 힘 앞에서 패배하게 됩니다. 1세기에는 로마의 권력에 대항하는 이러한 유대인 봉기들이 많이 있었습니다. 이러한 봉기들은 종종 **메시아적 지도자들**에 의해 야기되고는 하였는데, 그들이 이렇게 불려진 이유는 그들이 다윗과 그의 계승자들에게 약속된 왕국을 회복하도록 하느님에 의해 "기름부음 받았다"고 생각했기 때문입니다. 때때로 이들 메시아적 지도자들은 초자연적인 도움을--그들이 기억하는 전승에 나오는 형태로--기대했었습니다. 두번째 반응은 **묵시종말적 예언자들**의 반응입니다. 이들은 인간에 의한 군사적인 반란을 도모하지 않고, 하느님의 능력이 멀지 않은 때에 인간적 저항이 해낼 수 없는 것, 즉 악에 대한 선의 완전한 승리와 정의 및 선의 세계의 도래를 성취하게 될 것이라고 선언합니다.

후자가 "묵시사상"(apocalypticism)이라는 말로 제가 의미하는 것입니다. 이것은 하느님의 행동이 무자비한 억압과 악을 종식시키고, 새롭고 의롭고 완전한 세계를 도래케 하기를 기다립니다. 그리고 제가 강조하여 지적하고자 하는 것은, 세례요한은 이스라엘이 반로마 저항운동으로 60년대 후반에 파괴될 때까지 그 곳에서 나타난 묵시종말적 예언자들 중 첫 번째 사람이었다는 것입니다.

그러면 세례 요한과 같은 스타일로 설교를 했던 다른 사람들이 있었다는 것입니까?

우리는, 요세푸스와 신약성서를 통해, 군중들을 사막으로 끌고 나가 하느님의 다가오는 구원의 징조를 보여주겠다고 약속했던 지도자들이 있었다는 것을 알고 있습니다. 그리고 여기에서는 사막으로 나아가 요단강을 다시 가로질렀다고 하는 것에 주목하는 것이 매우 중요합니다. 옛날에 모세와 여호수아가 이스라엘 사람들을 이끌고 광야에서의 방랑의 시기를 지나 약속된 땅에 이르렀음을 기억해 보십시오. 이러한 묵시종말적 예언자들이 하고 있었던 것은, 그들의 조상들이 하느님의 도우심을 받아 그렇게 했던 것처럼, 백성들을 다시 광야로 인도하여 요단강을 건너고 약속된 땅에 다시 들어가도록 하는 것이었습니다. 그러한 예언자 중 어떤 사람은 그의 명령 한마디로 예루살렘의 성벽이 무너질 것이라고 선언했다고 합니다. 이것은 여호수아가 하느님의 극적인 승리를 기다리면서, 여리고 성 주위를 돌았다고 하는 것을 우리에게 상기시켜 줍니다. 이처럼 묵시종말적 예언자들은 그들이 단순한 인간적 힘으로는 할 수 없을 일들을 하느님의 능력으로 하고자 했었던 것이지요.

이것이 요한이 세례를 위해 요단강에 사람들을 모았던 이유입니다.

그러나 요한은 대중운동을 통해 백성들로 하여금 기존체제에 저항하도록 한 적이 없습니다. 그렇지 않습니까? 그가 했던 것은 개인들에게 세례를 주는 것 뿐이었습니다.

사실입니다. 요한도 하느님의 개입이 현재의 억압과 악을 바로 세울 것이라고 선언했고 또한 그러기를 기다렸다는 점에서, 그도 다른 묵시종말적 예언자와 마찬가지였습니다. 그러나 요한은 추종자들을 모아 무리를 지어 약속된 땅으로 인도하지는 않았다는 면에서, 다른 많은 묵시종말적 예언자들과는 달랐습니다. 요한의 전략은 달랐던 것으로 보입니다. 백성들이 그에게로 왔을 때, 그는 사람들을 요단강에서 정화시키고(purified) 용서하여 광야로부터 약속된 땅으로 돌려보냈고, 그곳에서 응징하시고 구원하시는 하느님의 임박한 도래를 기다리게 했습니다. 근본적으로 요한은 정화된 개인들의 거대한 체계, 즉 이스라엘 전체에 떨어질 쨍깍거리는 시한폭탄들의 네트워크(network)를 형성하였던 것입니다. 요한 때문에, 예수는 그의 활동을 시작했을 때 이미 하느님의 능력이 계시되기를 기대하고 열망하고 기다리고 있던 사람들의 거대한 조직을 발견할 수 있었던 것이지요.

그래서 예수는 요한의 제자로서 활동을 시작했던 것입니까?

예수는 확실히 요단강에서 요한으로부터 세례를 받았습니다. 다른 많은 사람들과 마찬가지로, 예수도 하느님의 능력으로 약속된 땅을 정복한다는 모세와 여호수아의 이야기들을 제의적으로 재연하는 데 동참했습니다. 그래서 예수는 하느님의 도래를 기다리는 사람들의 유대땅에서 그러한 네트워크에 속하게 되었습니다. 그들은 무엇을 기다리고 있었습니까? 아마도 하느님이 그들이 할 수 없는 일, 즉 로마 권력을 무너뜨리는 일을 해주기를 기다렸을 것입니다. 예수는 묵시종말적 신앙인으로 활동을 시작했습니다. 그는 이처럼 요한의 전통 속에서 출발했던 것이지요.

복음서의 이야기들 속에는 예수가 요한을 높게 평가했다는 충분한 증거가 있습니다. Q 복음서에서 (마태복음 11:7-9,

혹은 누가복음 7:24-26) 예수는 요한을 예언자라고 말하고 있을 뿐만 아니라, "예언자보다 훨씬 큰 사람"이라고 말씀하십니다. 그는 또한 "여자가 낳은 사람 가운데서 세례자 요한보다 더 큰 인물은 없었다. 그러나 하늘 나라에서는 아무리 작은 이라도 요한보다 더 크다."고 말씀하십니다(마태복음 11:11, 혹은 누가복음 7:28). 마지막 문장에서 우리는 예수와 요한이 **구별**되는 것을 보게 됩니다. 예수는 요한을 예언자적 인물일 뿐만 아니라 예언자들보다 위대하다고 평가했습니다. 그러나 동시에 이제 그는 하느님의 나라에서는 아무리 작은 자라도 요한보다 위대하다고 선언하고 있습니다. 이것은 무엇을 의미합니까?

예수가 가르친 "하느님의 나라"(Kingdom of God)라는 개념에 대해서는 다시 언급하게 될 것입니다만, 지금 우선 간단히 말하자면, 예수는 과거의 정점(頂點)으로서의 요한과, 미래를 담게 될 것으로서 이제 새롭게 도래한 "하느님의 나라"를 구분하고 있습니다. 새로운 것이 일어나고 있다고 예수는 말씀하십니다. 이것은 광야에 있는 요한에게 속한 것이 아니라, 하느님의 나라에 있는 어린아이들에게 속한 것입니다. 이것은 예수가 요한의 사명과 메시지에 대한 그의 관점을 **바꾸셨다**는 것을 의미합니다. 예수에게 있어서는 새로운 세계의 도래를 위해 하느님의 개입을 기다리는 것만으로는 더 이상 충분하지 않습니다. 사람들이 "하느님의 나라"라는 새로운 세계에로 **지금 여기에서** 들어가야만 한다는 것이지요. 하느님의 나라는 예수가 그 안에 살고 있고, 또한 그가 만난 모든 사람들이 그 안으로 들어가도록 초대하고 있는, 항상 현재하는 실재입니다. 예수로 하여금 하느님이 즉각적인 묵시종말적 회복을 통해 세상을 바꾸지도 않고 또한 바꾸지도 않을 것이라고 새롭게 이해하게 된 것은 아마도 요한의 처형이 계기가 된 것으로 보입니다. 예수는 새로운 방향으로 움직이기 시작했을 것입니다: 즉 우리가 하느님(의 묵시종말적 역사개입)을 기다리는 것이 아니라, 하느님이 우리(의 역사참여)를 기다리고 계신다는 방향전환이지요.

그러나 예수는, 최소한도 복음서의 저자들이 묘사한 바에 따르면, 묵시종말적 인물인 것으로 보입니다. "사람의 아들이 하늘의 구름을 타고 오실 것이다"라는 것과 같은 말씀을 우리는 어떻게 이해해야 하겠습니까?

"사람의 아들"(한글개역과 표준새번역에는 "人子" - 역자 주)에 대한 물음은 신약성서 연구에 있어서 가장 열띤 토론을 불러일으킨 것들 중의 하나였습니다. 저의 결론은 간단히 말하면 이것입니다: 즉 신약성서 저자들은 분명히 앞으로 오게 될 묵시종말적 구원자를 의미하는 "사람의 아들"(Son of Man)이란 칭호를 예수가 사용한 것으로 기록하고 있지만, 예수는 그러한 의미에서 이 칭호로 자신을 가리키지는 않았습니다. 예수는 "사람의 아들"(son of man)이란 개념을 일반명사적 의미로 사용하여 단순히 인간을(이것은 "사람의 아들"의 원래 의미였습니다) 뜻했습니다. 그러나 예수에 대하여 "사람의 아들"(Son of Man)이란 개념을 묵시종말적으로 사용한 것은 예수의 죽음 이후 예수에 대해 적용한 전승이었습니다.

현재의 세속적 권력에 대해 철저한 도전을 하는 방법에

는 여러 가지 서로 다른 길이 있습니다. 금욕주의자들은 세상에서 칩거하여 동굴, 광야, 혹은 수도원 등으로 들어갑니다. 허무주의자들은 말, 행동 혹은 무기로써 세상을 파괴하려고 합니다. 묵시종말적 예언자들은 세상은 너무 악하여 인간의 해결 능력 범위 밖에 있으므로, 오직 하느님의 즉각적인 개입만이 바로 잡을 수 있다고 선언합니다. 예수는 이와는 다른 전략을 사용합니다. 그는 지금 여기에서 "하느님의 나라"의 가치들을 실현할 새로운 공동체의 창조를 통해 현재의 삶의 구조들에 도전합니다.

요한과 예수의 차이는 Q 복음서의 한 구절에서 아주 분명해집니다:

> 요한은 와서, 먹지도 않고 마시지도 않았다. 그러니까, 사람들이 말하기를 '그는 귀신이 들렸다'하고, 인자는 와서, 먹기도 하고 마시기도 하니, 그들이 말하기를 '보아라, 저 사람은 먹기를 탐하는 자요, 포도주를 즐기는 자요, 세리와 죄인의 친구다' 한다(마태복음 11:18-19, 혹은 누가복음 7:33-34).

금식하는(fasting) 요한과 잔치하는(feasting) 예수가 대조를 이룹니다. 요한은 혼자 광야에 나가서 금욕적인 삶을 살고 있지요. 그러나 예수는 저녁 식탁에 사람들을 모아서, 새로운 인간 공동체를 만들고 있습니다. 앞으로 다룰 장들에서 저는 이것이 무엇을 의미하는지에 대해 보다 상세히 언급하게 될 것입니다. 지금까지 우리가 규명해 온 것은 요한은 무엇하는 사람이었으며, 예수는 어떻게 활동을 시작했으며, 예수는 결국 그 자신의 말씀과 다른 사람들의 눈을 통해 어떻게 요한과 전혀 다른, 실로 세례 요한과는 거의 정반대가 되는 사람이 되었는가 하는 것입니다. 예수는 확실히 우리가 살고 있는 세상에 대해 도전하고 있습니다. 그러나 그는 하느님의 즉각적인 심판을 선언한 묵시종말적 예언자와는 전혀 다른 방식을 취합니다.

세례 요한은 한동안 쿰란이란 지역에서 엣세네파 공동체 안에서 살았다고 들었습니다. 이것은 정확한 것입니까?

대다수의 사람들은 지금까지 사해문서(Dead Sea Scrolls)에 대해 들은 바 있을 것입니다. 이것은 이스라엘의 사해 북서안을 따라 있는 동굴들에서 발견된 필사본들(manuscrips)로서, 일부는 완전하게 보존되어 있지만 대부분은 조각들만 남아 있습니다. 엣세네파는 일반적으로 예수의 시대 한 세기 반 전에 공식적인 성전 제사장과 인연을 끊은 반체제 사제들로서, 오늘날 쿰란이라 불리우는 고립된 지역에서 살다가, A.D. 66-74년 1차 유대 전쟁 때 로마의 공격이 있기 전에 그들의 문서들을 동굴에 묻은 것으로 알려져 있습니다. 이들 엣세네파는 요단강의 동쪽 광야로 간 요한과는 달리, 요단강의 서쪽 광야에서 칩거했습니다. 그리고 그들은 두 종류의 메시아, 즉 사제인 메시아와 평신도인 메시아가 도래하기를 기다렸는데, 이는 선행하는 메시아에 대해 아무런 언급이 없이 하느님의 도래를 기다린 요한과는 달랐습니다(물론 기독교 복음서들이 세례 요한을 예수의 선구자로 인정하기 전에 그랬다는 것입니다). 광야로부터 요단강을 통과하여 약속된 땅에 이르는 의식으로서 단 한번으로 구성된 요한의 세례는 쿰란에서 매일 행해지는 정화의식들(purification rituals)과는 전혀 다릅니다. 그러므로 저는 요한의 운동을 쿰란의 운동과는 전혀 다른 것으로, 즉 고립된 공동체에서 살고 있는 교육받은 그룹보다는 일반 대중을 향하고 있었던 것으로 이해합니다.

4장

예수는 무엇을 가르쳤는가?

우리가 "신앙"이라 부르는 아름다운 것을 손상시키고 모욕하고, 또 이것을 당신의 경험적이고 매체중심적인 "과학적" 진리 탐구로 환원시킨 것을 축하합니다! … 저는 어떤 종교적 극단주의자도 아니고 TV 부흥사 추종자 "그룹" 같은 것에 속하여 있지도 않습니다. 저는 단순히 한 아버지요 한 남편으로서 이 세상에서의 삶에 나름대로 공헌하고자 하고, 저의 가정생활 속에서 보다 높은 차원의 도덕성과 가치를 뒷받침하려고 노력하고 있습니다. … 제발 당신이 하고 있는 일을 재고하셔서, 이러한 해로운 작업을 중단하시고, 우리의 구원을 위해 그의 아들을 보내신 바로 그 분에 대한 무례한 언동도 중단하시기를 기도합니다.

텍사스로부터 한 남성이

당신의 책처럼 그렇게 혁명적이고 해방적이며 깊이 있게 도전해 오는 책은 일찍이 읽어 본 적이 없습니다. 하느님이 예수 안에서 죽었다는 은유는 다소 매우 도전적인 이미지들을 제공하기는 하지만, 저는 이미 오래 전부터 예수를 하느님으로 (예를 들면 삼위일체적 존재론) 생각하는 일을 중단했습니다. 그러나 저는 (바울의) 부활의 존재론은 포기하지 않았습니다. 당신의 책은 이러한 것조차 예수를 따르는 데 있어서나 예수를 주님으로 고백하는 데 있어서 필요하지 않음을 보여주고 있습니다.

남아프리카로부터 한 부부가

크로산 교수는 성서를 선택적으로 읽는 것같이 보입니다. … 예수는 분명히 가난한 자, 병든 자, 그리고 억압받는 자를 옹호합니다. 그는 분명히 사람들의 마음을 변화시켜, 그들을 돌보고 또한 그들을 위해 나누도록 하십니다. … 예수는 부유한 젊은 율법학자에게 말씀했던 것처럼 그가 가진 모든 것을 가난한 사람들에게 주라고 말씀하지 않았던, 부자 친구들이 있었다는 점을 크로산은 무시하고 있습니다. 명백한 교훈은, 사람들이 자신의 재능과 자원을 본질적으로 가난한 사람들과 억압받는 사람들을 돕기 위해 사용하는 데 책임적인 한, 각 개인의 생활 수준에 있어서의 차이는 수용가능하다고 예수가 느꼈다는 점입니다. 공동체적 삶은 헌신적인 초대 기독교인들 사이에서도 그렇게 오래가지 못했습니다.

캘리포니아로부터 한 남성이

목회 활동을 30년간 해 오면서, 박사님의 저작의 기초가 된 열띤 학문적 논쟁에 보조를 맞춘다는 것은 사실상 불가능했습니다. 제가 신학교에서 공부할 때에, 목회는 당시의 최우선적 관심이었습니다. 저는 『누가 예수를 죽였는가?』의 결론 부분이 제가 오랫동안 읽어 온 것 중 신앙과 학문과 헌신에 대한 가장 신선한 관점들 가운데 하나였다고 느꼈습니다. 이 편지는 단순히 당신의 호소력있는 학문적 성과에 대한 감사를 표하고자 쓰는 것입니다. 저는 당신의 결론에 동의할 수도 있고, 그렇지 못할 수도 있습니다. 제가 당신의 책을 통해 발견한 것을 다시 저의 것으로 만드는 과정에는 다소 시간이 걸릴 것이기 때문입니다. 그러나 저는 당신이 이 특별한 (역사적 예수에 관한) 논쟁에 개인적으로 참여하고, 목회자로서 일하고 있는 다른 사람들을 격려하고 있는 점에 대해 매우 감사하고 있습니다.

텍사스로부터 한 남성이

크로산 교수님, 저는 당신의 영원한 삶을 위해 기독교적 사랑과 관심 속에서 이 말씀을 드립니다. 당신은 단지 역사적인 예수만을 고려하고 있으나, 그분은 바로 지금도 하느님 아버지의 오른편에 살아계셔서, 그분을 구세주와 주님으로 믿으며, 앞으로 오실 신랑, 왕들 중의 왕, 주님들 중의 주님으로 믿는 모든 사람들을 위해 대신 기도드리고 계십니다. 주님께서 당신이 이것을 볼 수 있도록 도우시기를 바랍니다. 그리스도의 사랑 안에서.

알라바마로부터 한 남성이

이제부터 제가 하고자 하는 것은 역사적 발견들을 받아들이는 것입니다. 그리고 이러한 가르침들을 개인적으로 혹은 작은 공동체 안에서 되새김질하고, 이것들을 우리의 삶 속에서 실천하려고 노력하는 것입니다.

아리조나로부터 한 남성이

저는 예수의 사명에 대한 당신의 입장과 사람의 아들, 하느님의 나라, 그리고 그것을 성취하는 방법에 대한 당신의 개념들에 대해 매우 불만족스럽습니다. 저는 제가 예수에 관해 믿어왔던 것들이 공격당하고 있고 그래서 방어하지 않으면 안 된고 생각하게 되었는데, 전에는 이러한 생각을 가졌던 적이 없었습니다. … 예수가 세상의 임박한 종말을 믿었고, 그의 세대가 지나가기 전에 다시 영광 중에 돌아올 것으로 믿었다고 생각하는 것이 제게는 합리적입니다. 예수는 요한과 비슷했다고 믿습니다. 그들은 모두 백성들이 회개하도록 설교했고, 또 하느님의 나라가 가까이 왔다고 설교했습니다.

플로리다로부터 한 남성이

저는 지금 제가 가지고 있는 몇 가지 질문들에 답하기 위해 『예수: 하나의 혁명적인 전기』를 다시 읽고 있는 중입니다. … 당신이 말하는 하느님이 당신(과 우리 모두)에게 유용하다고 단정할 수 있을까요? 저의 두번째 질문은 … 하느님 나라를 어떻게 정의하느냐… 하는 것입니다. 제 생각에는, 하느님의 나라가, 그것에 관한 비유에 나타났듯이, 바로 지금 여기에서 밥상에 둘러앉아 어떤 계급적, 종교적, 인종적, 혹은 경제적 차별 없이 함께 먹을 수 있는 곳을 가리킵니다.

뉴 햄프셔로부터 한 남성이

일반적으로 예수는 하느님의 나라에 관해 가르쳤다고 합니다. 이것은 과연 맞는 말이며, 맞다면 그 말은 무엇을 의미하는 것입니까?

"하느님의 나라"(Kingdom of God) 하면 즉각적으로 하나의 문제가 떠오릅니다. 예를 들어, 마태는 하느님의 거룩함을 존경하는 뜻에서 하느님이라는 이름을 사용하지 않고 대신에 보통 "하늘 나라"(Kingdom of Heaven)로 대체합니다. 이 표현은 "하늘에 있는 나라"(Kingdom in Heaven)처럼 들려, 예수가 마치 땅에 관해 말씀하지 않고 하늘에 관해 말씀한 것처럼, 이 세상에서의 삶에 관해 말씀하지 않고 저 세상에서의 삶에 관해 말씀한 것처럼 들리게 됩니다. 이것 이상 진실을 왜곡하는 것은 없습니다. 그리고 예수의 의도를 이해하기 위해서는 당시 1세기 세계에서 정치, 윤리, 경제문제를 종교와 분리시켜서는 안 됩니다. "하느님의 나라"는 만약 시이저가 아니라 하느님이 로마 제국의 황제로서 다스리게 된다면 이 세상이 어떻게 될 것인가 하는 것을 의미합니다. 만약 시이저가 아니라 하느님이 공개적으로, 분명하게, 그리고 완전하게 모든 책임을 맡게 된다면 말입니다. 이것은 절대적으로 종교적이면서 동시에 절대적으로 정치적인 개념입니다. 이것은 절대적으로 도덕적이면서 동시에 절대적으로 경제적인 개념입니다. 하느님은 과연 이 세계를 어떻게 운영하실까? 하느님은 이 세계가 어떻게 운영되기를 원하실까? 하느님의 나라는 하늘에 관한 것이 아니라, 땅에 관한 것입니다.

　이미 우리가 살펴본 것처럼, 유대인들 중 한 그룹--세례 요한과 같은 묵시문학가들--은 하느님의 나라를 미래의 실재로 이해하였습니다. 하느님의 나라는 미래일 뿐만 아니라, 그 나라는 인간의 문제 속에 들어오셔서 불의와 압제로 거의 절망상태에 빠진 이 땅에 정의와 평화를 가져오는 하느님의 압도적인 개입에 달려 있다는 것이었습니다. 신앙인은 기껏해야 그 나라의 도래를 준비하고 협조할 수 있을 뿐, 그 완성은 하느님의 능력에 의해서만 이루어질 것이라는 말이지요. 그리고 묵시문학가들은 그 다가오는 나라의 구체적인 사항에 대해서는 아주 모호했음에도 불구하고, 그 나라가 모두가 볼 수 있는 객관적인 나라가 될 것이라는 점에서는--그러나 선한 사람과 악한 사람에게 그에 상응하는 서로 다른 운명을 가져다주면서--분명했습니다.

하지만 하느님의 나라에 관해 생각하는 또 다른 방식이 있었습니다. 즉 우리가 하느님의 묵시종말적 개입을 기다리는 것이 아니라, 하느님이 우리의 사회적 혁명을 기다리고 있다는 것입니다. 두 가지 경우 모두 하느님의 나라라고 할 수 있지요. 왜냐하면 그 해결은 단순히 인간의 노력으로 가능한 것이 아니기 때문입니다. 그러나 하느님의 묵시종말적 개입은 하느님의 사회적 혁명과는 전혀 다릅니다. 그리고 세례 요한의 묵시종말적 희망을 포기한 예수는, 그 대신 하느님의 사회적 혁명(divine social revolution)으로서의 하느님 나라를 선포하는 쪽으로 돌아섰습니다.

왜 계속 "하느님의 나라"와 같은 표현을 사용하고 계십니까? 이를테면 "하느님의 공동체"와 같은 표현으로 왜 그것을 대체하지 않으십니까? 이것이 "나라"(Kingdom)라는 표현 속의 "왕"과 같은 배타적인 남성중심적 표현보다 훨씬 적절하지 않겠습니까?

신약성서 그리스어 "바실레이아"(*basileia*)의 번역어인 "나라"(kingdom)라는 말은 몇 가지 점에서 문제점이 있습니다. 첫째로, 영어 표현의 "king-" 부분은 전제주의적입니다. 둘째로, 영어 표현의 "-dom" 부분은 일정 지역, 즉 지도상의 한 지역에 관해 말하고 있는 것처럼 들리지요. 그리고 셋째로, 현대 세계에 살고 있는 우리는 전제군주에 의한 통치가 의미하는 바에 대한 실질적인 감각을 갖고 있지 못합니다. 물론 우리는, 영국의 엘리자베쓰 2세 여왕처럼, 지구상에 이제 몇 안 되는 왕관을 쓴 사람들을 중심으로 벌어지는 화려한 행렬과 예식을 황홀하게 바라보고 있습니다만, 그녀의 역할은 전통적이고 예전적인 것일 뿐, 실질적인 권력은 없다는 것을 누구나 잘 알고 있지요.

하지만 예수가 태어났던 지중해 연안 세계에 있어서 왕은 실질적인 힘을 가지고 있었습니다. 그리고 1세기에 바실레이아(*basileia*), 즉 왕권 통치에 관심을 가졌던 사람들은 유대교의 묵시종말적 예언자들만이 아니었습니다. 헬레니즘 세계에 있어서 바실레이아는 공통의 주제였고, 그 문제는 "어떻게 권력이 정의롭고 인도주의적인 방식으로 행사될 수 있을 것인가?" 하는 문제였습니다. 복음서들은 **인간의 힘이 행사되는 방식과 하느님의 힘이 행사되는 방식 사이의 차이** 문제를 놓고 씨름하고 있습니다. 예수가 "하느님의 나라"와 같은 용어를 사용할 때에, 그가 말씀하고자 하는 것은, 만약 하느님이 직접적으로 그리고 즉각적으로 이 세상을 통치한다면, 이 세상은 어떻게 달라질 것인가 하는 것이었습니다. 만약 하느님이 시이저의 권좌에 앉게 된다면, 이 세상은 어떻게 달라질 것인가? 하느님의 나라는 기존하는 모든 형태의 인간적 지배와 사회적 질서를 초월하고 또한 이를 문제시하는 이상적(理想的)인 인간 삶의 모습에 대한 상징이지요. "나라"(kingdom)가 아닌 다른 용어는 이러한 정치적, 종교적 도전의 의미를 드러내지 못할 것입니다.

예수 세미나의 회원들은 이 그리스어를 "하느님의 제국 통치"(God's imperial rule)로 번역하여, 시이저의 제국 통치와의 대립을 강조하자고 제안했던 적이 있었습니다. 제가 "공동체"(community)보다는 "나라"(kingdom)를 고집하는 것은 기존 사회를 비판하는 통렬함과 기존 정치를 뒤집어엎는 성격을 강조하기 위한 것입니다. 제가 만약 "공동체"라는 용어를 사용한다면, 예수의 정치적-종교적 도전의 성격은 잃어버릴 것입니다. 예수의 정치적-종교적 도전이란 나라와 권력과 영광이 누구의 것인가? 하느님의 것인가 아니면 시이저의 것인가? 하는 도전을 말하는 것이지요. 그러나 기존 체제를 뒤집어엎는 사회적 도전과 비판적인 정치적 예리함을 그 의미 속에 함축할 수만 있다면, "나라" 대신에 "공동체"라는 용어를 사용해도 무방할 것입니다.

하나의 실례가 도움이 될 것입니다. 1930년대 초에 예수를 "총통"(der Führer)으로 부르면서, 오직 하나의 총통만이 있을 뿐이라고 주장했던 한 독일 기독교 공동체를 상상해 보십시오. 이 용어 자체는 "지도자"를 의미하는 아주 평범한 독일어이지요. 하지만, 히틀러가 등장한 이후 기독교인들이 이 용어를 사용한 것은 분명히 "예수가 우리의 지도자이지, 히틀러는 아니다"라는 뜻이었지요.

그러므로 "하느님의 나라"를 대체할 현대적 번역어가 있다면 사용하도록 하십시오. 그러나 그것은 항상 (국가전복과 같은) 대역(大逆)의 의미를 내포해야만 한다는 것을 기억하시기 바랍니다. 이와 마찬가지로, 예수가 주님(Lord)이라고 말하는 것은 시이저는 그렇지 않다는 것을 의미했습니다. "주님"이라는 말이 당신을 죽게 만들 수도 있는 분을 의미하는 한, 이 말은 당신이 적절하다고 생각되는 현대적인 표현으로 얼마든지 번역할 수 있을 것입니다.

당신은 하느님 나라 운동이 단지 세상적이고 정치적인 개혁을 조장했었다고 말하고 있는 것입니까?

그렇지 않습니다. 이제 학문적으로 매우 중요한 형용사를 하나 소개하겠습니다. 그것은 "종말론적"(eschatological)이라는 말입니다. 이것은 "이 세상의 끝"을 의미하는 그리스어에서 온 것으로, 하느님의 묵시종말적 개입에 적용될 수도 있고, 혹은 하느님의 사회적 혁명에 적용될 수도 있습니다. 방금 논의한 상황, 즉 사람들이 세상은 점점 심각하게 그리고 근본적으로 악해져 가고 있고, 그래서 전폭적인 구원이 필요하다고 믿게 된 상황을 생각해 보십시오. 그처럼 근본적인 구원은 "철저한" "이상적인" "유토피아적인" "반문화적인" 혹은 "종말론적인" 구원이라고 표현할 수 있을 것입니다. 이러한 모든 용어들은 현재의 통상적인 세계의 끝을 가리키며, 또한 어떤 완전한 대안(perfect alternative)에 의해 현재의 통상적인 세계가 대체되는 것을 말합니다. 하느님의 묵시종말적 개입이나 하느님의 사회적 혁명은 이러한 이상적이고 유토피아적이고 종말론적인 해결에 대한 두 개의 대안적 각본(alternative scenarios)이라는 말입니다. 전자는 요한의 세례 운동의 메시지입니다. 후자는 예수의 하느님 나라 운동의 메시지입니다.

예수가 가르치고 있었을 때에, 그의 추종자들은 예수가 가르친 하느님의 나라에 관한 말씀들을 그대로 기록했습니까?

예수가 학식있는 상류층 율법학자가 아니라, 교육받지 못한 농민이었다는 사실을 항상 기억해야 합니다. 그럼에도 불구하고 그는 학문적으로 훈련받은 극소수 사람들이라야 지닐 수 있었던 뛰어난 구사력을 가지고 말씀하셨지요. 우리는 예수가 죽은지 몇십 년 후, 혹은 여러 세대 후에, 식자층이 예수가 가르친 말씀들로 기록한 말씀들을 읽을 때마다, 예수의 첫 청중들은 예수가 상당한 시간을 들여 말씀한 이야기들 중 오직 가장 인상적인 이미지들, 가장 놀라운 유비들, 가장 힘있는 줄거리들만을 간직했었을 것이라는 점을 기억해야 합니다.

저는 이제 예수가 하느님의 나라에 관한 가르침으로부터 끌어낸 몇 가지 실천적인 결과들에 관심을 돌리고자 합니다. 예수는 왜 우리가 "가족의 가치들"(family values)이라고 부를 수 있는 것들에 대해 그렇게 심한 공격을 가했을까요?

20세기의 최고의 가치는 아마도 개인주의(individualism)일 것입니다만, 1세기의 최고의 가치는 오히려 "집단주의"(groupism)라고 부를 수 있을 것입니다. 이 가치는 혈연관계와 성별관계에 기초된 것이었습니다. 우리가 예수에게서 발견할 수 있는 것은 지중해 연안의 가족적 가치들에 대한 몇 가지 공격적인 말씀들입니다. 세 가지 예를 들어보겠습니다.

첫번째 예는 마가복음 3:31-35에 나옵니다:

> 그 때에 예수의 어머니와 형제들이 찾아와, 바깥에 서서, 사람을 들여보내어 예수를 불렀다. … 예수께서 그들에게 대답하셨다. "누가 내 어머니이며, 내 형제들이냐?" 그리고 주위에 둘러앉은 사람들을 둘러보시며 말씀하셨다. "보아라, 내 어머니와 내 형제들이다. 누구든지 하나님의 뜻을 행하는 사람이 곧 내 형제요 자매요 어머니다."

예수는 지중해 연안 세계에서 이해되어 온 가족적 가치들에 대해 거의 야만에 가까운 공격을 퍼부었습니다. 그것도 한번 이상 그랬습니다. 지금도 그렇지만, 예수 당시에도 가족은 사람들이 태어나면서 그 소속이 결정되는 집단이지요. 그러나 방금 인용된 본문에서 예수는 가족을 무시하고 다른 종류의 공동체, 즉 그에 참여하는 모든 사람에게 개방된 공동체를 선호했습니다. 예수에게 있어서는 이미 주어져 있는 가족이라는 단위, 혈연이라는 단위는 더 이상 중요한 것이 아니었습니다. 중요한 것은 이 세상 안에서 하느님의 뜻을 행하고자 하는 공통의 노력 속에서 서로에게 "가족"이 되는 사람들의 새로운 공동체였던 것이지요.

두번째 예는 예수 주변의 군중 속에 있다가 예수의 어머니에게 불쑥 축복의 말을 던진 한 여인의 예입니다. "당신을 밴 태와 당신을 먹인 젖가슴은 참으로 복이 있습니다!"(누가복음 11:27). 그러나 이 찬사를 보낸 사람을 돌아 본 예수는 이에 응답하여 말씀하기를, "오히려, 하나님의 말씀을 듣고 지키는 사람이 복이 있다"고 했습니다. 여인은 마리아가 예수 때문에 축복을 입었다고 선언하고 있습니다. 지중해 연안의 전형적인 풍조 속에서, 이 여인은 여성의 위대성은 유명한 아들을 둔 어머니가 되는 데서 비롯된다고 믿고 있었던 것이지요. 이것은 가부장적 사회 속에서 일반적인 태도였음에도 불구하고, 예수는 전혀 그러한 태도를 갖지 않았습니다. 예수가 제시하는 것은 성별의 차이 없이, 아기를 낳고 못 낳는 차이 없이, 원하는 사람이면 누구에게나 개방되어 있는 축복입니다.

마지막 예는 누가복음 12:51-53에 나오는 Q 복음서에 있습니다.

"너희는 내가 세상에 평화를 주러 온 줄로 생각하느냐? 내가 너희에게 말한다. 그렇지 않다. 도리어, 분열을 일으키러 왔다. 이제부터 한 집안에서 다섯 식구가 서로 갈라져서, 셋이 둘에게 맞서고, 둘이 셋에게 맞설 것이다. 아버지가 아들에게, 아들이 아버지에게 맞서고, 어머니가 딸에게, 딸이 어머니에게 맞서고, 시어머니가 며느리에게, 며느리가 시어머니에게 맞서서, 서로 갈라질 것이다."

이 구절에 대한 통상적인 해석은, 가족 중 일부는 예수를 믿고 일부는 믿기를 거부함으로써 가족이 분열된다는 것이었지요. 그러나 제 생각에, 이 구절의 핵심은 가족들의 **신앙**과는 아무 상관이 없고, 오히려 가족들의 **권력**과 상관이 있습니다. 주목해야 할 것은, 여기서 나뉘어지는 선이 세대들 사이라는 점입니다. 예수는 지중해 연안의 전형적인 가족, 즉 어머니와 아버지, 딸, 그리고 결혼한 아들과 그 부인, 이렇게 다섯 식구가 한 지붕 밑에서 살고 있는 모습을 그리고 있습니다. 예수는 자신이 이들 가족을 분열시킬 것이라고 말씀합니다. 예수의 공격은 지중해 연안의 가족적 권력관계, 즉 아버지와 어머니가 그 권위에 있어 아들과 딸과 며느리 위에 군림하는 권력관계를 향한 공격이었다는 말입니다.

이 이야기는, 사실상, 가정생활에 관한 예수의 이야기들과 가르침들 모두를 이해하는 데 도움을 줍니다. 가족은 축소된 사회, 즉 우리가 사랑과 미움과 협력과 남용의 양태들을 배우게 되는 장(場)이지요. 모든 가족들이 노만 락웰처럼 온화하고 남을 배려하는 장면들을 연출하는 것은 아닙니다.

가정생활은 권력을 내포하고 있기 때문에, 이 또한 권력의 남용을 가져올 수 있지요. 이것이 예수가 비판하는 초점입니다. 예수의 이상적인 공동체는 관습적인 인간 사회구조에 대립되는 것으로서, 하느님 앞에서 누구에게나 동등하게 개방되어 있고 접근가능한 그러한 공동체입니다. 하느님의 나라에서는 권력의 남용이 없습니다. 모든 사람이 환영받고, 모든 사람이 동등하며, 모든 사람이 하느님의 뜻과 목적 아래 똑같습니다.

예수 시대의 권위 구조와 멀리 떨어진 우리의 20세기 민주주의적 사회에서조차도, 우리는 가슴 아프게도 가정생활 속의 권력남용을 느끼면서 살고 있지요. "가정폭력"이라는 말을 한 세대 전보다 더 많이 듣고 있지 않습니까? 우리는 지금 엄청난 권력남용이 가정의 평온이라는 얼굴 뒷켠에 잠복해 있음을 알고 있습니다. 그러므로 1세기이든 20세기이든, 예수의 다음과 같은 비판은 호소력이 있습니다: 즉 가정생활의 어떠한 주어진 구조도 절대적이지 않습니다. 모든 구조들은 사람을 양육하기 위해 존재합니다. 인간의 모든 생활과 마찬가지로, 가정생활은 하느님 나라의 비판대 앞에 서야 합니다. 다른 형태의 인간 공동체들과 마찬가지로, 가정생활은 정의와 사랑의 목적을 위해 존재한다는 것입니다.

사회에 관한 예수의 말씀들은 가족에 관한 말씀들만큼이나 과격하고 심지어는 부정적이기까지 한 것으로 보입니다. 왜 그렇습니까?

여기에서는 한 가지 예만 들고자 합니다만, 이것은 하느님 나라에 대한 예수의 이해 속으로 우리를 더 깊이 인도하는 매우 과격한 예수의 말씀입니다. 이 말씀은 네 개의 서로 다른 자료에서 발견됩니다. 누가복음에는 다음과 같이 기록되어 있습니다: "너희 가난한 사람은 복이 있다. 하나님의 나라가 너희의 것이다"(누가복음 6:20). 다른 자료들에서 우리가 볼 수 있는 것은, 이 전승의 원형 그대로의 말씀이 얼마나 불편한 것이 되었는가 하는 점, 그리고 해석자들이 그것을 부드럽게 만들기 위해 얼마나 애썼는가 하는 점입니다.

예를 들어, 마태가 이 내용을 기록할 때에, 이것은 다음과 같이 변형되었습니다: "마음이 가난한 사람은 복이 있다. 하늘 나라가 그들의 것이다"(마태복음 5:3). 즉 마태는 "가난"이라는 말을 경제적으로 헐벗은 사람을 가리키는 것이 아니라 종교적으로 겸손한 사람을 가리키는 말로 바꿈으로써, 예수의 말씀이 갖는 힘을 희석시켰습니다. 더욱이, 야고보서에서는, 가난한 사람들을 "믿음이 부요한 (좋은) 사람"과 "하나님을 사랑하는 이들에게 약속하신 그 나라의 상속자"로 부릅니다(야고보서 2:5). 여기서 하느님의 나라는 더 이상 현재적인 실재가 아니라 약속된 미래이며, 가난한 사람들은 신앙에 있어 부요한 사람입니다. 마태와 야고보는 가난에 찌든 사람들과 하느님의 나라를 연결시킨 예수의 거칠고 칼날 같은 말씀을 뭉툭하게 만들어버린 셈이지요.

더욱이, 복음서 본문의 그리스어를 "가난한"으로 번역했을 때, 우리는 매우 심각한 문제에 직면합니다. 그 단어는 실제로는 "적빈"(赤貧)을 의미합니다. 그리스어에는 "가난"을 뜻하는 별도의 단어가 있는데, 이는 한해 한해를 근근히 먹고사는 농민의 가정을 묘사하는 단어입니다. 그러나 위의 복음서 본문의 팔복(八福)에 사용된 사실상의 그리스어는 질병이나 빚, 가뭄이나 죽음 따위로 땅에서 쫓겨나 절대 빈곤상 태가 되어 구걸행각에 나서야만 하는 가정을 가리킵니다. 가 난한 사람은 열심히 일하면 충분히 생존할 수 있지만, **적빈 상태**에 떨어진 사람은 아무 것도 가진 것이 없는 사람들입 니다. 달리 말하면, 예수는 단순히 가난한 사람들, 즉 전체 농민계층을 포함하는 가난한 사람들이 복이 있다고 선언했 던 것이 아니라, 적빈상태에 이르러 구걸행각에 나서야 했던 사람들이 복이 있다고 선언했던 것입니다.

글쎄요, 그것이 도대체 무엇을 의미하는 것일까요? 예수가 실제로 구걸자들만이 특별히 하느님의 축복을 받는다고 생각한 것일까요? 마치 적빈상태에 이른 모든 사람들은 선한 사람들이고, 상층계급에 속한 모든 사람은 악한 사람들이기라도 한 듯이 말입니까?

저는 이 말씀이 적빈(赤貧)상태가 되는 것이 얼마나 매력 적인 일인가 라는 식으로 순진하고도 낭만적인 환상을 반영 하는 것이라고는 생각지 않습니다. 여기에서 중요한 것은, 이 말씀을 개인적인 감각을 가지고 듣지 말고, 사회적인 감 각을 가지고 듣는 것이라고 생각합니다. 말하자면, 예수와 그의 동료 농민들은 자신들이 불의한 구조적 체제 안에 있 음을 깨달은 것이지요. 억압의 상황 속에서는, 특히 불의가 체제 안에 구조화되어 불의가 마치 정상적이고 심지어는 필 요한 것처럼 보이는 곳에서는, 죄없고 복받을 사람들이란 단 지 그 체제 운영 과정에서 고의로 인간 쓰레기처럼 버려진 사람들뿐이라는 말씀입니다. 만약 예수가 이 메시지를 오늘 날 우리들 가운데서 말한다면, 다음과 같은 것이 될 것입니

다: "오직 노숙자들(the homeless)만이 죄가 없다(innocent)." 이 말씀은 물론 겁나는 말씀이지요. 이 말씀이 겁나는 이유는, 가정에 대한 그의 말씀과 마찬가지로, 개인적인 권력남용에 초점을 맞추고 있는 것이 아니라, 그 체제적 형태에 있어서의 남용에 초점을 맞추고 있기 때문입니다. 이러한 말씀들은 정곡을 찌르고 있습니다. 왜냐하면 개인적으로는 아무 잘못이 없다고 하더라도, 불의한 사회적 체제 안에 참여한 우리는 누구도 죄없는 사람이 없고, 깨끗한 양심을 가졌다고 할 사람이 없기 때문이지요.

"가난한 사람은 복이 있다. 하느님의 나라는 너희들의 것이다." 라는 가르침의 가장 중요한 결론은, 하느님의 나라는 개인적 악보다는 체제적인 악에 대한 비판이라는 점입니다. 이것은 말하자면, 당신의 노예를 겁탈하거나 야만적으로 대하지 말라고 가르치는 것뿐만 아니라, 노예제도라는 것은 그 자체가 하느님이 요구하시는 철저한 정의, 혹은 절대적인 평등과 대립된다고 주장하는 것입니다. 예수의 비판은 개별적이고 개인적인 것이라기보다는 체제적이고 구조적이라는 말입니다.

지금까지 우리는 예수의 말씀들 혹은 경구들에 대해 언급했습니다만, 그의 이야기들 혹은 비유들의 경우는 어떻습니까? 예수는 무엇보다도 이야기꾼, 비유를 즐겨 말하던 사람 아닙니까?

오늘날 당신이 예수의 비유들 중 어느 하나를 읽는다면, 대부분의 경우 1분도 채 안 걸릴 것입니다. 그러나 지금의 그 비유들은 단지 줄거리만 요약한 것일 뿐입니다. 실제로 이야기한 시간이나 혹은, 더 적절히 말한다면, 비유를 중심으로 이야기를 나눈 시간은 한 시간 정도 걸렸을지 모르며, 여기에는 동조하기도 하고 반대하기도 하고, 논평하기도 하고 토론하기도 했던 청중과의 잦은 대화도 있었을 것임에 틀림없습니다. 이러한 상황에서 예수의 비유들은 단지 종교나 신학에 관한 것만이 아니라, 정치와 경제에 관한 토론의 장이었을 것입니다. 비유들은 제국주의 지배와 식민지의 체제적 불의에 대한 의식을 청중들 속에 계속 불러 일으켰을 것입니다. 비유들은 귀족과 농민의 서로 다른 운명, 그리고 가난과 적빈(赤貧)의 엄연한 차이에 대해 지속적인 관심을 불러 일으켰을 것입니다. 당신이 비유를 읽을 때에는, 같은 청중들 속에 섞여 있는 서로 다른 계급이나 성별들로부터 나오는 다양한 반응들을 생각해 보시기 바랍니다. 비유는 청중을 지배하기보다는 힘을 불러일으킵니다(empowers). 비유는 청중을 움직여 스스로 생각하고 스스로 판단하도록 도전합니다. 하느님이 지배하기보다는 힘을 불러일으키고, 통제하기보다는 도전하는 성격을 가진 하느님의 나라를 가르치는 데 있어서, 비유야말로 가장 적절한 교육방법이지요.

그러면 하느님의 나라가 시작은 매우 작지만 끝은 매우 크게 될 것이라는 겨자씨의 비유와는 어떤 관계가 있습니까?

겨자씨의 비유를 그처럼 해석하는 것은 통상적인 해석입니다. 그러나 우리는 지중해 연안의 겨자나무와 거기에 보금자리를 만드는 새들을 살펴 볼 필요가 있습니다. 겨자나무가, 알려진 대로, 작은 씨로 시작하여 1미터 남짓 혹은 그 이상의 관목으로 자란다는 것은 사실입니다. 그러나 그것으로써 예수의 비유의 실제 핵심에 이르렀다고는 생각지 않습니다.

활화산 베수비우스에 너무 가까이 접근했다가 A.D. 79년에 죽은 플리니(Pliny)는 그의 『자연사』(Natural History)에서 겨자식물에 관해 언급했습니다. 그는 겨자식물의 혀끝을 찌르는 맛과 "얼얼하게 하는 효과"--그는 이것이 건강에 매우 이롭다고 생각했습니다--를 묘사했습니다. 그는 이 식물이 옮겨 심음으로써 개량될 수는 있지만, 전형적인 야생식물이라고 지적하면서, "일단 씨가 뿌려지면 그 장소는 씨에 의해 점령당하게 되는데, 그 이유는 땅에 떨어진 씨가 곧바로 싹을 틔우기 때문이다." 라는 말을 덧붙였습니다. 다른 말로 하면, 겨자식물은 사람들이 원하지 않는 장소에서도 쉽게 자리를 점령해서, 통제하기가 어렵고 뽑아내기도 어렵다는 것을 말하고 있는 것입니다. 예수는 그의 새로운 하느님의 나라도, 혀끝을 찌르는 관목처럼, 남의 자리를 탈취하는 위험한 성격을 가지고 있다고 주장했던 것입니다. 사실상, 농경지에서는, 이 식물이 사람들이 원치도 않는 새들을 유인하게 됩니다. 그래서 어느 농부도 새들이 날아와 농부들이 거두어야 할 열매와 곡식을 쪼아먹는 것을 좋아하지 않았습니다. 다시 말하면, 이것은 놀라운 은유입니다: 즉 정성껏 경작한 농원을 갖고 있는 사람들에게는 하느님의 나라가 골칫거리(pest)라는 것입니다. 당신은 겨자식물로서의 하느님 나라의 놀라운 이미지에 대해 지주와 소작농, 일용 노동자와 실업자, 혹은 적빈상태의 구걸자들이 모두 똑같은 반응을 보였을 것이라고 생각하십니까?

그러면 비유들은 단순히 "설교예화"가 아니라, 그 이상이었다는 말입니까? 비유들은 사람들로 하여금 그 의미에 대해 어떤 결단을 내리도록 촉구했다는 것입니까?

이 질문에 대해 긍정적으로 대답하는 데 도움이 될 만한 예수의 비유를 살펴보도록 하겠습니다. 이것은 사실상 지금까지 언급한 하느님 나라에 관한 다른 모든 말들을 이해하는 데도 도움이 됩니다. 이것은 서로 다른 여러 본문들에서 발견됩니다만, 여기에서는 도마복음서 64장을 인용합니다.

예수께서 말씀하셨다. "한 사람이 손님들을 받고 있었다. 저녁을 준비하면서, 그는 종을 보내어 손님들을 청하였다. 종이 첫번째 사람에게 가서 말하였다. '저의 주인이 당신을 초대합니다.' 그 사람이 대답하였다. '몇 사람의 상인들이 내게 빚을 졌소. 그들이 오늘 밤 내게로 오기로 되어 있소. 나는 가서 그들에게 빚을 갚도록 해야 하오. 내가 저녁 초대에 가지 못하는 것을 양해해 주시오.' 종이 다른 사람에게 가서 말하였다. '저의 주인이 당신을 초대합니다.' 그 사람이 종에게 말하였다. '나는 집을 샀는데, 하루 동안 출타해야 하오. 나는 시간이 없소.' 종이 또 다른 사람에게 가서 말하였다. '저의 주인이 당신을 초대합니다.' 그 사람이 종에게 말하였다. '나의 친구가 결혼해서 나는 그 연회를 준비해야 하오. 나는 갈 수 없을 것 같소. 저녁 초대에 가지 못하는 것을 양해해 주시오.' 종이 또 다른 사람에게 가서 말하였다. '저의 주인이 당신을 초대합니다.' 그 사람이 종에게 말하였다. '나는 땅을 샀는데, 지대(地代)를 거두러 가려 하오. 나는 갈 수 없을 것 같소. 양해해 주시오.' 종이 돌아와 주인에게 말하였다. '주인께서 저녁식사에 초대한 사람들이 모두 오지 못하는 것을 양해해 달라고 말했습니다.' 주인이 그 종에게 말하였다. '거리에 나가서 네가 만나는 사람들을 모두 데려와 저녁식사를 하도록 하라.' 매매자들과 상인들은 나의 아버지의 자리에 들지 못할 것이다."

마지막 문장, "매매자들과 상인들은 나의 아버지의 자리에 들지 못할 것이다"는 이 비유의 의미에 대한 도마의 해석입니다. 누가가 이 이야기를 말할 때에는, 저녁식사에 초대된 사람들로 "버림받은 사람들"("가난한 사람들과 지체에 장애가 있는 사람들과 눈먼 사람들과 다리 저는 사람들")을 언급하고 있고(누가복음 14:21), 마태는 "악한 사람이나 선한 사람이나" 모두 데려왔다고 말합니다(마태복음 22:10). 그러나 이렇게 서로 다른 해석들 배후에서, 우리는 하나의 공통된 이야기 줄거리를 발견할 수 있습니다.

예수는 저녁 파티를 준비하고 종을 보내어 친구들이 참석하도록 초대하는 한 사람에 관해 이야기하고 있지요. 그러나 초대된 사람들은 각자 참석할 수 없는 나름대로의 이유가 있습니다. 여기에 저녁식사는 이미 준비가 되었으나, 좌석은 텅텅 비게 되었습니다. 그래서 주인은 그의 종을 보내어 길거리에서 우연히 만난 사람들을 데려다가 자리를 채우게 합니다.

잠시 이 상황을 생각해보시기 바랍니다. 만약 길거리에서 누군가가 그 자리에 초대되어 왔다면, 거기에는 분명 성별과 계급과 지위에 있어 다양한 사람들이 혼합되어 있었을 것입니다. 사람들은 서로서로 어깨를 맞대고 앉아 있었을지 모릅니다. 즉 남성 옆에 여성이, 노예 옆에 자유인이, 사회적으로 낮은 사람 옆에 높은 사람이, 제의적으로 불결한 사람 옆에 정결한 사람이 말입니다. 그리고 이것은 물론 제 1세기의 잘 짜여진 모든 사회생활의 관습들에게는 사회적인 악몽이요 위협이 되었을 것입니다.

글쎄요. 1세기 뿐만이 아닐 것입니다. 당신은 오늘날 저녁 파티를 준비하고 길거리에서 배회하고 있는 사람들을 초대하는 그런 사람을 실제로 상상할 수 있겠습니까?

정확히 핵심을 찔렀습니다. 잠시 당신의 집 문 앞에 와 있는 한 구걸자를 생각해 보십시오. 아마도 당신은 그 구걸자에게 약간의 음식을 주어 거리로 돌려보냈을 것입니다. 그러나 당신이 식사대접을 하기 위해 그를 당신의 부엌으로 초대하거나, 혹은 당신의 식구들과 저녁식사를 하기 위해 그를 당신의 식탁으로 불러들이거나, 혹은 당신의 친구들과 저녁식사를 하기 위해 토요일 밤에 다시 오도록 할 수 있겠습니까? 혹은 당신이 큰 회사의 사장이었다고 가정해 보십시오. 사무실에서 모든 일반 직원들을 위한 칵테일 파티를 여는 것, 중간 매니저들을 위해 레스토랑에서 점심을 하는 것, 혹은 집에서 당신의 부사장들을 위한 개인적인 저녁 파티를 여는 것 사이의 차이를 생각해 보십시오. 1세기와 마찬가지로, 20세기에서도 우리가 어떤 종류의 상황에서 누구를 식사에 초대하느냐 하는 것은 사회적 위치와 관계에 대해 많은 것을 말해 줍니다.

그러므로 먹는다는 것은 배고픔의 고통을 덜기 위한 단순히 생리적인 행위만은 아니지요. 인류학자들은, 먹는 **행위의 "규칙"**은 사람들의 관계와 행위에 관한 사회적 규칙의 **축소된 모형**이라고 말합니다. 식탁에서 일어나는 일은 경제적, 사회적, 그리고 정치적 차이들을 보여주는 하나의 지도(map)인 셈이지요.

20세기의 예를 들기 위해서, 다시 민권 운동 초창기의 미국을 생각해 보도록 하겠습니다. 흑인 청년들이 샌드위치나 콜라를 주문하기 위해 쇼핑센터에 앉아 있었을 때에, 그곳 식당 계산대에서 일어난 험악한 분위기를 생각해 보십시오. 오늘날의 현대적, 계몽주의적, 민주주의적 사회조차도 누가 어디에서 언제 누구와 먹고 마실 수 있는지에 관한 규칙들을 가지고 있었지요. 특정 장소에서 흑인들이 식사하는 것, 그리고 확실하게는 흑인과 백인이 함께 식사하는 것이 문자적으로 법에 위배되었습니다. 이러한 격리된 식당 계산대는 격리된 사회 전체의 교제 양식의 축소된 모형이었습니다. 그래서 흑인청년과 백인청년이 이러한 규칙들을 깨고 원탁의 테이블에 둘러앉아 함께 식사를 하게 될 때에(혹은 같은 버스를 타게 될 때에), 그들은 사회는 어떠해야 하느냐 하는 것에 대한 새로운 모형을 창조하고 있었던 것입니다. 격리된 밥상은 인간의 격리와 차별을 상징화했습니다. 개방된 밥상은 인간 공동체, 하나됨, 평등을 상징화했습니다. 그리고 이것은 정확히 예수의 활동에서 일어나고 있었던 바로 그 일이었습니다.

그러나 비유는 단지 하나의 이야기에 불과하지 않습니까? 누가 그것을 문자적으로 받아들이겠습니까?

물론 그것은 하나의 이야기일 뿐이었지만, 그것은 사회의 축소된 모형인 밥상, 즉 계급과 격리의 자리로서의 밥상에

도전했던 매우 풍자적인 이야기였지요. 그리고 그것은 **예수가 서로 다른 성별과 사회계급과 종교적 양심을 가진 사람들을 그의 밥상에 초대함으로써 그의 비유를 삶으로써 실천했다는 점**에서 실로 비유 이상이었습니다. 당신은 앞서 세례 요한이 금식을 하기 때문에 "악령에 사로잡혔다"고 했던 비판과 예수가 범법자, 세리, 그리고 심지어는 매춘부와 더불어 먹기 때문에 "탐식가요 술주정꾼"이라고 했던 비판의 말들을 기억하실 것입니다. 두 경우 모두 입에 담기에는 매우 험악한 호칭들을 사용하고 있지만, 그러한 호칭조차도 하나의 논리를 가지고 있고, 사실상 독설로서의 가치를 갖는 어떤 근거를 갖고 있음에 틀림없습니다. 예수가 개방된 밥상의 그 비유를 **삶으로써 실천했다는 바로 그것이** 예수로 하여금 "탐식가와 술주정꾼, 세리와 범법자의 친구"라는 비판을 받게 만들었던 것입니다. 다른 말로 하면, 그 비판가들은 예수가 구분할 것을 적절히 구분하지 못했고, 차별할 것을 적절히 차별하지 못했다고 말했던 것이지요. 그리고 여인들, 특별히 결혼하지 않은 여인들이 예수가 밥상에 앉았을 때에 그 곳에 함께 있었기 때문에, "예수가 매춘부들과 함께 먹는다"는 비난을 받았을 것입니다. "매춘부"란 사회적으로 용인된 남성의 통제권 바깥에 있는 여인들을 향했던 전형적인 모욕이었지요. 이런 모든 사람들, 즉 세리, 범법자, 매춘부 등은 그들을 이렇게 부른 사람의 관점에서 보았을 때 경멸하는 용어들이었으며, 공개적으로 자유롭게 교제해서는 안 될 사람들이었던 것이지요.

    그러므로 예수에게 있어서 하느님의 나라는 새로운 종류의 밥상 공동체(meal arrangement)로서 그려지고 있습니다.

비차별적인 밥상은 비차별적인 사회를 축소된 형태로 묘사하고 있으며, 이러한 비전(vision)은 근본적으로 고대 지중해 연안 문화의 기본적인 가치들과 충돌했습니다. 조만간 우리는 예수의 새로운 밥상 공동체에 대한 사회적 분노로 인해 예수가 체포되고 사형 당하게 되어 그의 활동에 종지부를 찍게 되는 것을 보게 될 것입니다.

이 그림과 마지막 만찬은 어떤 점에서 조화를 이룹니까?

이러한 식사에 대한 우리의 감각은 물론 교회의 제의 전통--이것이 "영성체"라고 불리든 "주의 만찬"이라고 불리든 혹은 "성만찬"이라고 불리든--에 의해 그 성격이 규정되어 왔습니다. 예수는 아마도 그의 제자들과 마지막 식사를 했을지 모르지만, 역사적 물음은 예수가 과연 자신의 순교를 상징하는 새로운 유월절 식사를 제정했으며 자신을 기억하여 이것을 반복하라고 지시했겠는가 하는 것입니다. 이에 대한 증거는 뒤섞여 있습니다. 바울은 확실히 그러한 의식 제정에 관해 알고 있었지요(고린도전서 11:23- 25). 그러나 1세기 후반의 문서 디다케(*Didache*)는 기독교인들 사이에서 행해진 공동식사 관습을 묘사하고 있기는 하지만, 마지막 만찬에서 비롯된 제의에 대해서는 아는 바가 없으며, 이 공동식사 관습이 유월절 식사와는 아무 연관이 없고, 예수의 죽음을 기억하여 행해진 것도 아님을 보여줍니다. 그래서 저는 그 상황을 다음과 같이 정리하고자 합니다. 예수가 뒤에 남겼던 것은 하느님 나라에서의 삶의 포용성과 평등성(inclusiveness and equality of life in the Kingdom of God)에 대한 한 상징으로서의 개방된 식사 전통이었습니다. 후에 어떤 기독교

단체들이 마지막 만찬이라는 제의를 만들었고, 이처럼 음식을 나누는 전통에 예수의 죽음에 대한 기억을 덧붙였습니다.

당신은 앞서 1세기의 예수 운동에 대한 하나의 설명으로서 미국에서의 민권 운동에 대해 언급했습니다. 여기에서 예수가 새롭게 모델을 만든 사람들 사이의 개방성과 평등성에 관해 언급할 때, 당신이 혹시 현대적인 색깔로 과거를 그리고 있는 것은 아닐까요? 당신은 현대의 민주주의적 가치들을 1세기에 거꾸로 투사시키고 있는 것은 아닙니까?

그렇지 않습니다. 저는 현대 민주주의에 대한 우리의 경험보다 훨씬 더 과격한 어떤 것을 그리고 있습니다.

그것을 이렇게 설명해 보겠습니다. 농민들처럼 가난의 족쇄에 매인 사람들은 두 개의 서로 다른 꿈들 가운데 하나를 선택하게 됩니다. 하나의 꿈은 자신의 족쇄를 다른 사람에게 대신 채워주는 세계에 대한 꿈입니다. 이것은 충분히 이해할 만한 소망, 혹은 심지어 **복수(revenge)**의 계획입니다. 그러나 또 다른 꿈은 **정의(justice)**의 세계, 즉 어느 누구에게도 어떠한 족쇄가 두 번 다시 채워지지 않을 그러한 세계에 대한 꿈입니다. 예를 들어, 1893년 시실리섬의 농민봉기 당시 어느 여인이 이탈리아 저널리스트에게 말한 다음과 같은 말들을 경청해 보시기 바랍니다:

> 우리는, 우리가 일하고 있듯이, 모든 사람들이 일할 수 있기를 원합니다. 더 이상 부자나 가난한 사람이 있어서는 안 됩니다. 모든 사람들은 자신과 자녀들을 위한 빵을 얻을 수 있어야 합니다. 우리는 모두 평등해야 합니다. 저는

다섯 명의 어린 자식들이 있지만 단지 하나의 작은 방에서 먹고 자고 모든 일을 합니다. 그러나 수많은 지주들은 열 내지 열 두 개의 방에 화려한 저택들을 가지고 있습니다. … 모든 것을 공동 소유로 하고, 생산된 것을 공평하게 나누는 것으로 충분할 것입니다.

1세기 이스라엘에는 복수의 미래를 기다렸던 사람들이 많이 있었습니다. 예수는 복수 대신에 정의의 미래를 내다보았던 사람들 중의 한 사람이었습니다. 예수의 말씀들 속에 표현된 철저한 평등, 권력 남용의 종말, 개방된 밥상, 하느님 나라의 모형 설정 등은 단순히 현대 민주주의의 예표가 아닙니다. 그것들은 우리가 이제까지 상상했던 것보다 훨씬 더 철저하고, 더 무서운 것들입니다. 그리고 우리가 설혹 그러한 비전을 완성할 수 없고, 혹은 받아들이는 것조차 힘들다 하더라도, 우리가 그것을 약화시켜 설명하려 해서는 안 될 것입니다. 우리는 복음서 저자들조차 자주 했던 시도들, 즉 예수의 말씀들과 행동들을 길들여서 우리가 보다 쉽게 이해하고 실천할 수 있는 것들로 만들려는 시도는 피해야만 합니다. 예수가 제시했던 하느님 나라의 비전(vision)은 매일매일의 실제적인 사회적 상황으로 즉각 옮겨질 수 없는 것인지도 모릅니다. 그럼에도 불구하고 하느님 나라의 비전이 현실적인 상관성을 갖는 것은, 그것이 하나의 비전으로서, 매일매일의 사회적 상황과 모든 관습적 제도들과의 창조적인 긴장 속에 있다는 점이며, 바라건대, 우리로 하여금 불의를 제거하고 정의를 실현하는 일에 박차를 가하도록 만든다는 점에 있지요. 예수의 하느님 나라는 우리로 하여금 지상 위에서 똑같은 하느님의 나라를 확립하게 하시는 철저한 정의의 하느님을 선포합니다. 만약 우리가 그러한 것은 불가능하다고 대답한다면, 하느님은, 그렇다면 결국, 세상도 불가능하다고 대답하실지 모릅니다.

하느님의 나라에 관한 예수의 메시지는 말뿐인 것이었습니까, 아니면 행동도 합축한 것이었습니까? 예수는 어떤 사상을 제시한 것입니까, 아니면 어떤 프로그램을 제시한 것입니까?

우리가 이미 살펴 본대로, 예수는 사회적 격동기에 살았고, "하느님의 나라"와 같은 개념은 그것을 들은 사람들에게 있어 사회적, 정치적 의미를 갖고 있었습니다. 하느님의 나라는 100% 종교적이면서 또한 100% 정치적이었고, 100% 신학적이면서 또한 100% 사회적이고 경제적인 것이었다고 말할 수 있을 것입니다. 예수의 가르침이 단순히 영적이기만 하고, 그의 민족이 직면한 위기와 아무 상관이 없었다는 것이 가능한 일이겠습니까? 억압된 농민들은 왜 예수의 말씀에 귀를 기울이려 했겠습니까? 학자 혹은 설교자의 신분을 가진 우리와 같은 사람들이 순수하게 지적인 관점에서 예수를 사상사의 한 부분으로 해석하려는 것은 하나의 두드러진 유혹입니다. 그러나 제가 지금 여기에서 주장하고 싶은 것은, 예수는 하느님의 나라에 관해 **토론했던** 것만이 아니라, 그것을 **행동으로 옮겼고**, 또한 다른 사람들도 행동으로 옮길 수 있도록 초대했다고 하는 사실입니다. 만약 예수가 한 일이 고작 하느님 나라에 관한 말뿐이었다고 한다면, 하류계층의 갈릴리 사람들은 아마도 입을 크게 벌려 하품을 하면서 그에게 작별인사를 했을 것입니다.

저는 지금까지, 예수는 "탐식가와 술주정꾼이요, 세관원과 범법자의 친구"라는 험악한 비판을 불러 일으켰던 것은 결국 관습적인 사회 규범들을 위반하면서까지 사람들을 공동의 밥상(common table)에 초대한 예수의 적극적인 실천 때문이었다고 주장해 왔습니다. 그 개방된 밥상(open table)은 새로운 사회를 위한 축소된 모형으로 의도된 것이었지요. 저는 이제 똑같은 일이 예수의 **병고침**에서 일어나고 있었다고 주장하고자 합니다. 병고침은 단순히 개인적인 연민의 행위가 아니라, 기존의 사회생활 양식들에 대립하여 하느님 나라의 모델을 보여주는 또 다른 방식입니다. 만약에 우리가 예수를 추상적 사상들을 가르친 교사로서 생각하지 않는다면, 그의 개방된 밥상뿐만 아니라 병을 공짜로 고쳐 준 것을 이해하는 것도 결정적으로 중요합니다. 그리고 이것은 우리를 다음 장으로 안내합니다.

5장

예수는 기적을 행하였는가?

[하이티에서] 저는 흙을 먹고 배고픔을 달래는 소녀를 본 적이 있습니다. 제가 다가가자, 그 소녀는 입술을 다물어 입안 가득한 흙모래를 감추려고 했습니다만, 감추어지지 않은 작은 모래알들이 그 소녀의 입술과 턱에서 반짝였습니다. … 저는 장벽을 허물어 온갖 계급의 사람들과 밥상 교제를 열고 있는 철저한 평등주의자로서 예수를 그린 크로산 박사님의 묘사를 보고 매우 자극을 받았고 또한 감동을 받았습니다. 저도 어젯밤 저의 팔에 안겨 울고 있었던 작은 하이티 소년을 위해 밥상을 베풀 수 있었으면 합니다. … 저는 그에게 왜 그렇게 슬퍼 보이냐고 물었습니다. 그는 눈물을 터뜨리며 고통 가득한 눈빛으로 속삭이듯 말했습니다. "저는 배가 고파요."

하이티에서 한 미국 여성이

저는 이제 막 당신의 책을 다 읽었습니다. 이런 책을 써 주신 것에 대해 감사를 드립니다. 더욱 잘 이해하기 위해 곧 다시 한번 읽어야 할 것 같습니다. 이것은 매우 재미 있었습니다만, 저를 괴롭혀온 많은 것들을 다 다루어 주지는 못했습니다. 저는 지금까지 하느님 개념을 이해하는 데 어려움을 겪어 왔고, 그것을 이해하기 위해 노력해 왔습니다. 예수님은 하느님에 대해 무슨 말씀을 하셨습니까?

푸에르토 리코로부터 한 여성이

당신의 책들에 감사를 드립니다. 저는 지금 "신학을 하면서 그것을 역사라고 부르고, 기독교 변증학을 하면서 그것을 학문이라 부른" 지난 30년을 "해체"하는 과정 중에 있습니다. 만약 제가 50년만 젊었어도, 당신은 강의 출석부에서 제 이름을 발견할 수 있을 것입니다. … 이 노인을 더욱 흥미진진하게 만들어 준 당신에게 말로 다 표현할 수 없는 감사를 드립니다.

플로리다로부터 한 남성이

아직 밝혀져야 할 비밀들과 신비들이 있습니다. 그러나 성서는 감춰진 모든 것들이 드러날 것이라고 말합니다. 저는 이것이 드폴(DePaul) 대학교의 종교학 교수에게 드러나게 될지 의심스럽습니다. 아마 방을 치우는 여성이나 하수구를 치우는 청소부에게라면 모를까. … 당신은 예수를 발견했는지 정말 궁금하군요. 저는 당신이 그것을 감추려 할 것이라는 점을 알고 있지만, 제가 지금 당신에게 말할 수 있는 것은 당신은 성공할 수 없을 것이라는 점입니다. 당신에게 글을 쓸 수 있는 기회를 주신 하느님께 감사를 드립니다.

일리노이로부터 한 여성이

저는 3년 동안 신학교에 다니면서 많은 사람들에게 자문을 구해 보았습니다만, 사람들은 오래 살면 살수록 삶에는 분명하게 과학적으로 증명하고 입증할 수 있는 것들 이상의 것이 있다는 것을 알게 되고 이해하게 됩니다. 또한 우리 주변에는 예수나 성인이나 혹은 우리 시대의 인물을 통해 … 시간 속으로 뚫고 들어와 실제로 병고침을 행할 수 있는 … 영원한 영적인 세계가 있습니다. 순간을 사는 좁은 마음을 가지고 신성을 제한하거나 부정하려고 해서는 안됩니다. 그래서 예수는 사람들을 받아들여 공동체로 다시 돌아가게 한 것 뿐만 아니라, 실제로 또한 사람들을 고치고 죽은 사람들을 살리셨을 것입니다.

일리노이로부터 한 남성이

저는 퇴역군인들을 위한 병원에서 뇌졸중 환자들을 돌보는 일을 해왔습니다. … 한밤중 저의 응급실에서 환자를 만나 상처를 보고 도움이 필요한 상황에 직면하게 되면, 초자연적이고 구원자이신 그리스도의 이미지가, 어떤 어리석은 농담처럼, 저를 짜증나게 만듭니다. 이것은 신화의 언어로 전달되는 기독교적 희망이, 특별히 고통이 치유될 수 있다는 고백이, 때로는 현실화될 수 없다는 것을 제가 몰라서 하는 말이 아닙니다. 개인적으로 저는, 우리의 세계에 대한 구원의 희망은 우리가 정서적, 영적, 사회적, 그리고 물리적 치유를 나누는 그 정도에 비례한다고 믿고 있습니다. 물음은 고통이 치유될 수 있느냐 하는 것이 아니라, 이러한 치유를 어떻게 가능하게 할 수 있느냐 하는 것입니다. 어떻게 우리는 서로를 도와 온전한 것이 되게 할 수 있을까요? 저는 그 해답을 찾고 싶을 따름입니다.

미주리로부터 한 여성이

모든 점으로 보아 병고침의 이야기에서는 당신이 수긍할 수 있는 것 이상의 것이 일어났다고 저는 생각하고 싶습니다. 즉 당시에 실질적인 질병(disease)의 치유가-당신의 용어를 빌어 말하면, 단순히 고통(illness)의 치유만이 아니라-있었을 것입니다. … 경전의 복음서들에서 예수에게 돌려진 거의 모든 치유들은 정신-육체적 증상들을 포함합니다.

미네소타로부터 한 남성이

『역사적 예수: 지중해 연안의 한 유대인 농부의 삶』의 "서론"에 등장하는 귀신들린 여성은 오늘날 정신과 진단의 가장 흔한 "이상 증세"인 "우울증"에 걸려 있었을 뿐, 그 이상도 그 이하도 아니었습니다. 당신은 그 1세기의 유대인 농부를 생각하면서 기본적으로 이런 생각을 하셨습니까? 저를 믿어 주십시오. … 이제 예수가 주요 경계들을 넘어 "떠돌아다니는" 모습을 상상해 보십시오. … 그는 동서고금을 통틀어 최상의 "치유"를 베풀고 있었는데, 그것은 바로 친절이라는 것입니다. 대수롭지 않다고요? 실제로 그것은 아직까지도 유일한 보편적 "치료제"입니다. … 제가 아직도 강조하고 싶은 것은, 만약 예수가 접신(接神) 상태에서 치료했다면, 그가 도대체 그 비법도 가르쳐주지 않은 채 어떻게 우리더러 이 세상에서 자기와 같이 행하라고 할 수 있었겠느냐 하는 것입니다. 그는 "모든" 다른 사람들이 가서 자기가 행한 것과 똑같은 것을 행하라고 요구했던 것입니까, 아니면 그가 행한 것과 "엇비슷한" 것을 행하라고 요구했던 것입니까? 만약 예수가 한 일보다 못한 일을 요구하는 것이라고 생각한다면, 당신은 억지를 부리는 것이라고 저는 생각합니다.

남 캐롤라이나로부터 한 여성이

자연 기적들은 어떻게 되는 것입니까? 예를 들어, 예수는 물 위를 걸은 것입니까, 아닙니까? 예수는 기적적인 물고기 잡이를 했던 것입니까, 아닙니까?

예수의 자연 기적(nature miracles)과 병고침 혹은 귀신축출(exorcism) 사이에는 현저한 차이가 있습니다. 자연 기적은 예수의 제자들을 (혹은 어머니를) 위해 행해지지만, 병고침 혹은 귀신축출은 외부인들을 위해 행해집니다. 적은 빵과 물고기로 수많은 사람들을 먹인 사건조차도 제자들을 통해 행해지는데, 제자들은 음식을 요청하고, 나누고, 정리하는 데 있어서 중개자 역할을 하였습니다. 위에 질문으로 던져진 두 가지 경우에 있어서, 그 기적들은 평범한 사람들을 위한 것이 아니라, 예수의 공식적인 추종자들을 위한 것입니다. 왜 그렇습니까? 이야기들을 다시 한번 생각해 보십시오. 제자들은 예수가 없는 상태에서 갈릴리 호수에서 배를 젓고 있는데, 폭풍 때문에 나아갈 수가 없습니다. 이 때에 예수가 물 위를 걸어서 그들에게 옵니다. 모든 것은 금방 안전해지고 평안해지지요. 또한 제자들이 예수가 없는 상태에서 갈릴리 호수에서 고기를 잡는데, 아무 것도 잡지 못합니다. 이 때에 예수가 호숫가로부터 떨어져 깊은 곳으로 가라고 명합니다. 그들은 자신들이 들어올릴 수 있는 양보다 더 많은 양을 잡지요. 저는 이 두 개의 이야기를 분명히 상징적인(symbolic) 것으로 간주합니다. 즉 예수 없이는 아무 것도 할 수 없고, 예수와 함께라면 모든 것이 가능하다(Without Jesus nothing, with Jesus everything)는 말씀입니다. 교회라는 배 안에서 문제를 진단하는 분도 예수이며, 책임을 지는 분도 예수입니다. 지도자의 자격까지 갖춘 제자들도 예수에게 전적으로 의존합니다.

그러나 그런 이야기들을 처음에 기록했던 사람들은 그 이야기들이 문자적으로 읽히기를 의도했던 것 아닙니까?

저는 그렇게 생각하지 않습니다. 고대인들은 문자적으로나 사실적으로 받아들여야 할 어리석은 이야기들을 말했고, 우리들은 분별력이 있어서 그것을 상징적으로나 혹은 창작적인 것으로 이해하는 것이 아닙니다. 오히려 적절한 은유적 이야기(여러분들이 더 선호한다면, 비유)를 어떻게 말해야 하는지 알고 있었던 사람들은 고대인들이었고, 그것들을 사실적으로 받아들일 만큼 어리석은 사람들은 바로 우리 현대인들입니다.

물론 저는 모든 자연 기적을 검토하지는 않았습니다만, 앞서의 대답은 자연 기적들을 어떻게 일반화시켜 말할 수 있는지를 보여 줍니다. 자연 기적은 권위(authority)와 관련된 비유입니다. 그것은 자연에 대한 예수의 능력에 관한 것이 아니라, 교회 안에서 제자들의 권위에 관한 것입니다. 이 말이 실망을 안겨 주었다면 죄송합니다만, 저는 자연 기적을 문자적으로 받아들이는 것은 그것을 완전히 오해하는 것이라고 단언합니다.

당신은 앞서 자연 기적과 예수의 병고침 혹은 귀신축출과 같은 인간 기적을 구분하셨습니다. 후자의 경우는 어떻게 되는 것입니까?

병고침과 귀신축출은 매우 다른 관점으로부터 오는 것으로, 그것들의 관심은 내부인이나 제자들보다는 외부인이나 낯선 사람들에게로 향해져 있습니다. 여기에서 잠시 제 개인적인 이야기를 하고자 합니다. 인간 역사에 있어서의 하느님의 현존(God's presence in human history)에 관한 저의 일반적 이해가 여기에서는 중요하기 때문입니다.

저는 기독교 동정녀 마리아의 치유 성소인 프랑스의 루르드와 포르투갈의 파티마를 방문한 적이 있었습니다. 또한 비기독교적 신(神)인 아스클레피오스(Asklepios)의 치유 성소인 그리스의 에피다우루스와 터어키의 페르가뭄도 방문한 적이 있었습니다. 두 곳에 기록된 기적적인 치유 이야기는 놀랄 만큼 똑같았습니다. 예를 들면 루르드의 동굴 속에는 많은 지팡이들이 걸려있는데, 이는 거기에 왔던 지체부자유자들이 보조기구들을 모두 남겨두고 갔음을 무언 중에 증거하고 있습니다. 하지만 거기에 의족은 없으며, 잃어버린 다리를 회복했다는 대마비(對麻痺) 환자에 대한 증거도 없습니다. 제가 어떻게 결론내려야 하겠습니까?

믿음이 병을 고친다! 이것은 우리가 지금까지 알 수 있었던 그 어떤 것에 못지않게 확실합니다. 어떤 환경에서 어떤 사람들의 어떤 병들은 바로 그러한 가능성 속에서 믿음에 의해 치유될 수가 있습니다. 에피다우루스는 그리스인을 위해, 루르드는 기독교인들을 위해, 베나레스는 힌두교인들을 위한 것이었습니다. 그러나 어떤 질병들, 어떤 사람들, 그리고 어떤 조건들 아래에서만 그렇습니다. 그리고 이것이 바로 예수가 거듭 이야기했던 바 "너의 믿음이 너를 고쳤다."는 뜻입니다. 저는 그 치유 과정을 완전히 이해하지는 못하지만 (어느 누구라도 마찬가지일 것입니다), 속임수와 허풍을 제외한다면, 믿음이 치유합니다. 때때로 그렇습니다. 사람들은 예수에게 와서 병고침을 받았습니까? 물론입니다. 일부 사람들 혹은 많은 사람들이 병고침을 받았습니까? 물론입니다. 그러나 사람들로 하여금 예수에게 가서 병고침을 받게 만든 무엇인가, 말하자면 사람들이 병고침 대신 세례를 받은 세례 요한과는 다른 무엇인가가, 예수에게 반드시 있었을 것입니다. 그것이 우리가 풀어야 할 물음입니다. 물론 어떤 사람들은 예수에 대한 믿음으로 병고침을 받았고 받고 있습니다만, 왜 그것이 예수에 대한 믿음이어야만 합니까?

예수가 어떻게 사람을 고쳤는가 하는 것에 대한 하나의 구체적인 사례를 제시해 줄 수 있겠습니까?

나병환자의 이야기를 기억해 보십시오. 저는 이것을 우리가 지금까지 토론해 온 것에 대한 하나의 사례 연구로 사용하고자 합니다.

우선 현대적 용어인 "나병"은 이 이야기에서 사용된 그리스어에 대한 번역어로서는 분명 잘못된 것입니다. 이 그리스어는 실제로 몇 가지 서로 다른 피부병을 가리키고 있는데, 이 모든 것은 다소 혐오감을 일으키는 비늘모양의 혹은 조각조각 떨어지는 피부상태로서, 건선(乾癬), 습진, 혹은 진균(眞菌) 감염과 같은 것을 뜻하는 단어입니다. 그러므로 성서가 "나병"이란 용어를 사용할 때, 그것은 오늘날 우리가 "한센병" 혹은 "나병"이라 부르는 것보다는 이러한 피부병들을 가리키는 것으로 이해해야만 합니다.

무식한 소리 같습니다만, 그 고대의 질병이 무엇이었든 그것이 무슨 상관이겠습니까? 중요한 것은 실제로 병을 고쳤다는 것 아닙니까?

그렇기도 하고 그렇지 않기도 합니다. 물론 고통받고 있는 개인의 병을 고쳤다는 것이 중요합니다. 그러나 이 이야기에 함축된 것은 그것보다 깊은 것입니다. 즉 이것은 사회 전체를 재연하는 비유입니다. 당신은 우리가 앞서 이야기했던 것, 즉 밥상은 사회 전체 안에서 일어나는 관계성의 축소된 모형이라는 것을 기억할 것입니다. 똑같은 것이 개인의 육체에 대해서도 적용됩니다. 인류학자들은 **육체는 사회의 상징**(the body is a symbol of the society)이라고 말합니다. 즉 사람들이 인간 육체를 취급하는 방식은 사회적 관계들과 차이들에 대한 이해를 표현한다는 말입니다. 문신을 새긴 팔, 색깔을 넣은 머리, 꼬챙이같은 몸매, 치장한 몸은 자신의 공동체에 대해 근본적으로 도전하는 것이거나, 아니면 자신의 공동체와의 연대성을 긍정하는 것일 수 있다는 것은 젊은 사람이면 누구나 압니다. 예를 들어, 1960년 대의 장발은 곧바로 기존 사회제도에 대한 자신의 태도와 관련하여 일정한 메시지를 보냈습니다. 그리고 밧줄처럼 꼬아내린 머리는 해군 부대에서는 발견할 수 없을 것입니다. 그러므로 우리가 병고치는 이야기들을 대하게 될 때에는 예수 당시의 사회에 있어서 "육체의 이미지"(body image)에 대해 민감할 필요가 있습니다.

알겠습니다. 그러나 그것이 당신의 말처럼 "나병"으로 잘못 번역된 피부병들과는 무슨 관계가 있습니까?

이러한 질병들은 육체가 전체 사회의 상징이 된다는 점을 정확히 설명해 줍니다. 이스라엘은 항상 보다 강한 제국주의 문화에 의해 흡수될 위험을 받고 있던 사회였습니다. 이러한 정치적, 군사적, 문화적, 그리고 종교적 억압의 상황에서, 사회적 경계선의 방어에 대한 강조는 **육체적 경계선의**

방어에 대한 강조로써 상징화되었습니다. 그러므로 우리의 물음은 "예수가 나병환자를 치료할 때, 그는 질병의 치유자로서만 행동했는가, 아니면 사회의 비판가로서도 행동했는가?" 하는 것입니다.

그것은 제가 보기에 억지로 꿰어 맞춘 듯한 인상을 줍니다.

이러한 이야기들에서 우리는 우리에게 매우 낯선 사상의 세계, 실천의 세계로 들어가고 있다는 점을 부정하지 않겠습니다. 그것은 사실상 지혜의 시작일 수 있을 것입니다. 즉 성서 이야기의 세계는 여러 가지 점에서 우리의 세계와 다르다는 것을 인식하는 것 말입니다. 이러한 인식은 최소한도 우리가 그것을 20세기의 관점에서 이해할 수 있다고 가정하는 큰 실수를 범하지 않도록 우리를 지켜 줄 것입니다.

개인의 육체를 정치체제(body politics)의 한 모형으로 이해하는 것은 그렇게 억지로 꿰어 맞춘 것은 아니라고 생각합니다. 이스라엘처럼 위협받고 있는 사회는 경계선을 설정하고 또 이를 보호하는 일에 대단한 관심을 가지고 있지요. 레위기라 불리는 율법서에서는 이것이 육체의 열림--몸 안에 음식을 넣는 것, 혹은 아기가 육체로부터 나오는 것--에 관한 수많은 규정들을 통해 나타납니다. 나병으로 통칭된 여러 질병들의 문제는, 그것들이 열릴 필요가 없는 곳에서 피부가 갈라져 열리도록 만든다는 것, 다른 말로 하면 모든 경계선들이 무너지고, 육체의 체계가 깨어진다는 것입니다(레위기에서는 나병이 피부에만 적용된 것이 아니라, 의복과 집의 벽에도 적용됩니다). 이러한 것들의 표면은 특정한 환경 속에서는 제의적으로 불결한, 즉 사회적으로 부적합한 것으로 간주되지요. 이것은 현대인의 생각에는 매우 낯선 사고방식으로 느껴지지만, 피부병--"나병"--을 가진 사람들이, 우리가 상상하듯 단순히 의학적 전염 때문이 아니라, **상징적 전염** 때문에 사회적 관심거리가 된다는 점을 이해하는 데에는 도움이 됩니다. 육체적 경계선의 파괴는 사회 전체의 통전성과 안전성에 대한 위협을 상징화합니다. 레위기 13: 45-46에서 이런 것을 볼 수 있습니다.

> 악성 피부병에 걸린 사람은 입은 옷을 찢고 머리를 풀어야 한다. 또한 그는 자기 코밑 수염을 가리고 "부정하다, 부정하다"하고 외쳐야 한다. 병에 걸려 있는 한, 부정한 상태에 머물러있게 되므로, 그는 부정하다. 그는 진 바깥에서 혼자 따로 살아야 한다.

마지막 문장, "그는 진 바깥에서 혼자 따로 살아야 한다."는 것은 그 병에 걸린 사람들에 대한 당시 사회의 관점을 말해줍니다. 예수가 했던 것은 공동체 밖으로 쫓겨난 사람들을 받아들여, 그들이 다시 공동체 안에서 살도록 하는 것입니다. 이처럼 **공동체로 되돌아오도록 받아들이는 것**(welcome home), 그것이 예수의 치유였습니다.

무슨 말인지 모르겠습니다. 당신은 그 나병환자가 실제로 고침을 받았다는 것입니까, 그렇지 않다는 것입니까?

제가 당신의 저돌적인 질문들을 회피한다고 생각하지 마시기 바랍니다. 분명히 말씀드리겠습니다. 예, 나병환자는 고침을 받았습니다. 그러나 이렇게 말씀드리긴 했습니다만, 저는 질병의 치료(curing a disease)와 고통의 치유(healing an illness)를 구분하여 생각하고 있다는 점을 이해해 주시기 바랍니다.

서로 다른 수많은 사회들에 대한 연구를 통해 우리는 질병과 아픔이 같은 것이 아니라는 것을 알게 되었습니다. 의사는 질병(diseases)을 진단하고 치료하지만, 환자들은 고통(illness)으로 아파하지요. 달리 말하면, 질병은 나와 나의 의사와 병원균 사이의 어떤 것입니다. 나의 육체에 무언가가 잘못되어 있고, 나는 의사에게 가서 그것을 고칩니다. 그리고 이것은 중요하지요. 그러나 저의 경험으로 보면 이러한 묘사에는 간과되고 있는 다른 차원들이 있는데, 그것은 그 질병이 나에 대해 갖는 전반적인 심리학적(psychological) 의미와 동시에, 그보다 더 중요한 사회적(social) 의미입니다. 저는 저의 육체와 현대 의학과 의사들에 대하여 어떻게 생각하도록 교육받아 왔습니까? 저의 육체의 이상이 저의 가정과 저의 직업, 혹은 보다 넓은 차원의 사회에 어떤 영향을 미치고 있습니까? 질병은 문제를 좁은 육체적 관점에서 봅니다. 그러나 고통은 문제를 보다 넓은 심리학적, 사회적 상황 속에서 봅니다.

예를 들어 에이즈(AIDS)를 생각해 보십시다. 당신은 톰 행크스가 「필라델피아」(Philadelphia)라는 영화에서 에이즈로 고통받고 있는 사람에 대해 묘사한 것을 보셨을 것입니다. 그의 고통이 그의 육체의 면역체계 속에서 일어나고 있었던 것 뿐이었습니까? 아니면 사회적인 거절과 직업의 상실, 그리고 변호사를 찾으려는 투쟁 속에서 그가 경험했던 것을 포함하는 것이었습니까? 에이즈에 있어서 질병의 치료와 고통의 치유 사이에는 엄청난 차이가 있지요. 질병의 치료는 모든 사람의 희망 사항이지만, 아직 그 치료책은 발견되지 않았습니다. 그러나 질병이 치료될 수 없는 때에도, 고통은 여전히 치유될 수 있습니다. 질병을 가진 사람들을 추방하려는 기도(企圖)를 거부하고, 그들의 아픔을 같이 나누고, 그들의 고통을 관심과 사랑으로써 감싸 안음으로써 말입니다. 이것이 바로 예수가 나병환자에게 하려고 했던 것이지요. 버림받은 사람이 되어버린 그 사람을 다시 사회적 관계 속으로 따뜻하게 맞아들이는 것입니다. 예수는 질병을 치유했다기보다는 고통을 치유했던 것입니다. 예수가 지금 여기에 있다 하더라도, 저는 예수가 에이즈로 알려진 그 질병을 치료할 수 있을 것이라고는 전혀 기대하지 않습니다만, 같은 이름의 그 고통은 치유할 수 있을 것이라고 믿습니다.

그러면 당신은 예수가 나병환자를 치유하기는 했지만, 그것이 기적이었던 것은 아니라고 말하고 있는 것입니까?

그것은 전적으로 당신이 기적이란 말로 무엇을 의미하느냐에 달려 있습니다. 만약 당신이 초자연적 힘의 사용에 의해 자연세계의 정상적인 운행이 파괴되는 것을 의미한다면, 예수의 치유는 기적이 아니었습니다. 그리고 그것은 때때로 주장되는 것처럼 예수의 신성(神性)에 대한 증거도 분명 아니었습니다. 왜냐하면 예수는 그의 추종자들에게 자기가 한 것과 똑같은 것을 하라고 말했기 때문입니다. 저의 관점에서 말하면, 예수는 육체적인 세계에 개입하여 질병을 치료하고 있었던 것이 아니라, 사회적인 세계에 개입하여 고통을 치유하고 있었던 것입니다. 예수는 질병에 걸린 사람들을 사회적으로 제재해온 관습을 거부함으로써 그들을 치유했던 것입니다. 예수는 "나병환자"를 다시 인간 공동체 안으로, 하느님의 나라라고 불리우는 이상적인 인간 공동체 안으로, 초대함으로써 치유했습니다. 예수는 질병을 제의적인 불결(ritual uncleanness)로 간주하는 것을 거부하였고, 그럼으로써 다른 사람들로 하여금 그 나병환자를 다시 공동체로 받아들이거나, 아니면 예수를 나병환자와 마찬가지로 그 공동체에서 추방하거나 둘 중의 하나를 선택하게 만들었습니다. 치유의 힘은 누구나 사용할 수 있도록 우주 안의 모든 사람에게 주어진 하느님의 선물이지, 그러한 가능성을 결여한 폐쇄된 우주에로의 하느님의 일시적인 혹은 간헐적인 개입이 아니었습니다.

이 이야기에는 여러분들이 주목해야 할 또 하나의 측면이 있습니다. 예수는 나병환자를 하느님의 백성의 공동체로 다시 초대하는 데 있어서, 그 사회의 경계선을 지키는 사람들(boundary keepers)에 대해 도전을 감행했다고 하는 것입니다. 예수는 당시 사회의 기존하는 절차들을 완전히 뒤집어엎는 방식으로 자신을 대안적 의미에서 경계선을 지키는 자(alternative boundary keeper)로 제시했습니다. 나병환자를 **공동체로 다시 따뜻하게 맞아들이려는 시도는 그러한 경계 상황에 책임을 지고 있던 당시 사제중심의 성전 당국과 예수와의 정면 충돌을 불가피하게 만들었습니다.** 마가는 예수에게 돌린 그의 마지막 붙임말, 즉 그 나병환자가 "사람들에게 증거로 삼도록"(as a testimony to them) 제사장에게 가야 한다는 말 속에 그 본래의 의미를 파악하고 있음을 보여줍니다. 이 말은 "사람들에게 대립하는 하나의 증거로 삼도록"(as a witness against them), 달리 말하여, "사람들에게 하나의 도전이 되도록"이라고 번역하는 것이 보다 적절할 것입니다. 이러한 해석이 어떤 사람들에게는 기적을 파괴하는 것처럼 보일지 모르겠습니다. 그러나 기적은 육체적 세계에서의 변화라기보다는 사회적 세계에서의 변화라고 저는 믿습니다. 가능하다면 육체적 세계를 변화시킬 수 있는 어떤 기적을 갖는 것이 물론 좋을 것이겠지만, 제게는 사회적 세계 안에서 우리들이 도모할 수 있는 어떤 변화들을 꾀하는 것이 훨씬 더 바람직한 것으로 보입니다.

만약 나병환자 치유의 정신적 세계로 들어가는 것이 힘들다면, 다음에 들어갈 세계는 더욱 더 힘들 것입니다. 이제 우리는 역사적 예수가 분명히 귀신을 내쫓는 귀신축출자로 묘사된다는 사실을 다룰 필요가 있습니다.

예수가 귀신축출자였다고요? 예수가 귀신을 내쫓았다는 것은 차치하고라도, 귀신 들렸다는 것을 우리가 진지하게 믿을 수 있는 것일까요?

물어볼 것도 없이, 귀신이나 불결한 영(靈)에 관한 이야기는 우리에게 낯설게 느껴집니다. 우선 저는 우리 육체에 침입하여, 선을 위해서든 악을 위해서든, 우리 자신과 그 통제권을 다투는 인격적이며 초자연적인 영의 존재를 믿지 않는다는 점을 말해두고 싶습니다. 그러나 세계의 대다수 사람들은 그렇게 믿고 있으며, 최근의 한 통계에 따르면, 전 세계 인구의 약 75%의 사람들은 아직도 영이 인간을 사로잡을 수 있다고 믿는다고 합니다. 그래서 우리는 몇 가지 어려운 질문을 던지지 않을 수가 없습니다. 그들이 보고 있는 것은 무엇이며, 왜 그들은 그것을 그러한 방식으로 보고 있는 것일까요? 우리는 전혀 다른 어떤 것을 보고 있는 것입니까, 아니면 동일한 현상들을 다른 눈을 통해 보고 있는 것입니까? 어느 경우이든 "나는 귀신을 믿지 않는다."는 단순한 말로써는 아무 것도 설명하지 못한다고 저는 믿습니다. 우리가 그들과 똑같이 "귀신 들렸다"고 진단하지는 않을 테지만, 그것이 곧 설명할 증상이 없다는 것을 뜻하지는 않습니다. 이것을 우리가 어떻게 설명하느냐 하는 것이 관건입니다. 이것을 두 가지 예를 가지고 설명해 보겠습니다.

어느 정신과 의사는 워싱턴의 야키마 인디안 보호구역에 사는 13살짜리 소녀 마리아에 관한 이야기를 전해 줍니다. 그 지역의 어느 의사는 그녀의 히스테리적 증상을 편집적 정신분열증으로 진단하고 그에 해당하는 약을 처방해 주었습니다. 하지만 그 정신과 의사는 소녀의 문화에 관심을 집중시켰습니다. 그는 죽어가고 있는 그녀의 무당 할아버지가 자신의 힘이 그 소녀에게 내릴 것이라고 예언했다는 사실, 그러나 그녀 자신은 미국 사회의 중심에 속하기를 원했다는 사실을 알게 되었습니다. 심리적인 갈등은 원치도 않는 샤마니즘적 영(靈)을 느끼고 있다는 데에 있었기 때문에, 그는 원주민의 귀신축출 제의(祭儀)를 권했습니다. 그 제의 이후 소녀는 완전히 회복되었습니다. 그녀의 혈연문화 속에서 그러한 제의는 의미가 있었고, 그래서 효과적이었습니다.

다른 한편, 저는 몇 년 전 어느 미국 TV에서 황금시간대에 행해진 귀신축출 제의를 회상하게 됩니다. 이 제의에 참여한 사람들은 모두 어린 소녀가 귀신 들렸다고 믿고 있었고, 거기에 등장한 사제는 비명을 지르며 저주하는 환자에게서 물러나면서, 환자에게서 악마의 얼굴을 보았다고 선언했습니다. 그러나 이 경우 그 환자가 **귀신 들렸다**고 보는 것이 가장 적절한 것일까요? 만약, 예를 들어, 다중적 인격분열(multiple personality disorder)과 같은 형태가 귀신 들렸다고 생각되는 현상 배후에 숨어있다고 한다면, 그 악마의 얼굴은, 예를 들어 어린 시절 그 소녀를 성적으로 추행하여 아직 형성되지 않은 소녀의 인격을 방어적인 모습으로 조각내 버린 연상의 어떤 남자의 모습으로, 바로 옆 방에 앉아 있을지도 모릅니다. 피해자인 그녀를 "**귀신 들렸다**"고 부르는 것은 그 불행한 운명을 초래한 그 피해자에 대한 책망을 함축합니다. 이 경우 다중적 인격분열이라는 현대적 진단을 내리는 것이 희생자를 더 이상 희생시키지 않는, 훨씬 합리적인 용어가 아니겠습니까? 달리 말하면, **어떻게 부르는가 하는 것이 문제입니다**(Names matter). 귀신들림과 귀신축출이라는 범주를 우리의 현대 세계에서 사용하는 것은 아무런 느낌을 주지 못할지 모릅니다. 그러나 그런 말들이 다른 문화들 속에서 무엇을 의미했는지를 (그리고 때로는 아직까지도 무엇을 의미하고 있는 지를) 묻는 것은 상당히 일리가 있습니다.

귀신축출과 관련한 성서이야기들 중 하나를 회상해 보겠습니다. 마가는 예수가 한때 거라사 사람들의 지역에 갔다고 전합니다(마가복음 5:1-17). 거기에서 예수는 더러운 영에 사로잡혀 무덤 주위에서 살던 한 남자를 만났는데, 그는 너무 힘이 세어서 누구도 그를 붙잡아 둘 수가 없었으며, 심지어는 쇠사슬로도 묶어둘 수 없었답니다. 그는 항상 소리를 질러댔고, 제 몸을 돌로 상처내곤 했다지요. 그가 예수를 보자,

큰 소리로 이렇게 외쳤습니다. "가장 높으신 하나님의 아들 예수님, 나와 무슨 상관이 있습니까? 제발 나를 괴롭히지 마십시오." 이에 예수는 얼핏보아 이상스럽게 느껴지는 질문을 그에게 던졌습니다. "네 이름이 무엇이냐?" 그가 대답했습니다. "군대(Legion)입니다. 우리의 수가 많기 때문에 붙은 이름입니다." 그리고는 그 악한 귀신들이 예수에게 자기들이 그 사람에게서 빠져 나와 산기슭에서 놓아기르는 큰 돼지 떼에게 들어갈 수 있도록 요청하자, 예수가 허락하여, 약 2000마리의 돼지가 비탈을 내리달아 바다에 빠져죽었다고 합니다. 그 지역 주변의 사람들이 와서 일어난 일을 보고, 귀신 들렸던 사람이 이제 조용해져서 옷을 입고 제정신이 돌아온 것을 발견했습니다. 그리고 이야기는 다음과 같이 결론을 맺습니다. "그러자 그들은 예수께, 자기네 지역을 떠나 달라고 간청하였다."

분명히 할 것은, 저는 이 이야기를 역사적 예수의 삶에 근거한 실제적인 장면으로 간주하지 않는다는 것입니다. 예수의 귀신축출이 종종 복음서들에 언급되기는 하지만, 그 어느 특정한 이야기도 하나 이상의 출처들에서 입증된 사례는 없습니다. 실제로 일어났던 것으로 보이는 것은, 귀신축출자로서의 예수에 대한 일반적 전승이 예수의 사역이 어떠했을 지에 관한 이야기들을 고안해 내도록 발전되었을 것입니다. 그러므로 우리가 이처럼 특수한 이야기와 관련하여 물어야 하는 것은 "우리는 그 속에서 무엇을 보는가? 무슨 일이 실제로 일어난 것일까?" 라는 질문입니다.

글쎄요, 저는 오히려 돼지를 2천 마리나 물에 빠져죽게 했다는 점에서 예수가 다른 사람의 소유에 대해 놀랄 만큼 무관심했음을 보게 됩니다. 솔직히 말해, 이 이야기는 구원의 사회적 중요성이 결여된 이상한 이야기로 들립니다.

그것은 실제로 이상합니다. 그러나 앞서 말한 것처럼 개인의 육체가 전체 사회의 상징이라는 관점에서, 다음 두 가지 점을 주목해 보시기 바랍니다. 첫째, 귀신들린 사람의 이름을 물었을 때, 그 사람은 "나의 이름은 레기온(Legion)"이라고 대답합니다. 물론 레기온은 로마 군대의 한 단위이지만, 이는 이스라엘을 억압한 지배자를 상징합니다. 그 권력은 이제 유대교가 제의적으로 불결하다고 보는 동물 중 가장 불결한 것 속으로 들어가서, 그 군대는 (이것은 제가 여러분들이 주목해주기를 바라는 두번째 모습입니다) 바다 속에 던져져 빠져 죽습니다. 자유를 추구하는 모든 유대인 독립 투사들의 가장 열렬한 꿈, 즉 로마인들이 지중해로 내던져져 빠져죽는 것을 누가 알아차리지 못할 수 있겠습니까?

귀신들림과 억압 사이에는, 그 종속 관계가 남성에 의한 여성의 성적 억압이든, 한 민족에 의한 다른 민족의 인종적, 제국주의적 억압이든, 밀접한 연관이 있지요. 점령당한 나라는, 말하자면, 다중적 인격분열 증세를 가지고 있습니다. 다중인격의 한 측면은 억압자를 증오하고 경멸하지만, 다른 한 측면은 그 우월한 힘을 부러워하고 동경합니다. 그리고 만약 육체가 사회의 한 상징이라면, 어떤 개인들이 그 자신 안에서 이와 똑같은 분열을 경험하는 것은 당연하다 할 수 있습니다. 제가 주장하는 것은 1세기의 정신세계에서는, 귀신들림과 식민주의적 억압 사이에 연관이 있었다는 사실입니다.

20세기 학자로서 당신이 이해하고 있는 바를 가지고 1세기의 정신 세계를 거꾸로 읽어 들어갈 수 있는 가능성도 있지 않겠습니까?

현대적인 관심을 단순히 역으로 투사시켜 고대의 정신세계를 읽으려는 것은 항상 조심해야 할 일이겠지만, 이 경우에는 그렇지 않다는 것을 보여주는 한 가지 예를 들겠습니다. 이 이야기는 통상 북 로데시아(northern Rhodesia)로 알려진 지역의 룬다-루발레(Lunda-Luvale) 종족에 관한 이야기입니다. 어느 학자에 따르면, 그들은 "마함바"(mahamba)라 불리는 조상신들에 사로잡혀 생기는 전통적인 병을 가지고 있었습니다. 그 후 그들에게서 "빈델레"(bindele)라 불리는 특이한 현대병이 나타나게 되었는데, 이는 그들의 말로 "유럽인"이라는 뜻입니다. 이 새로운 병을 치유하기 위해 귀신을 축출할 수 있는 특이한 교회를 요청하게 되었고, 긴 치료 과정을 필요로 했습니다. 마가 이야기의 레기온(Legion)이 로마의 식민지였던 팔레스타인에 대해 갖는 관계는 빈델레(bindele)가 유럽의 식민지 로데시아에 갖는 관계와 같은 것으로 보입니다. 두 경우 모두 식민주의적 착취는 귀신들림이라는 육체적 형태를 띠게 됩니다. 그러므로 예수가 귀신을 축출할 때, 그는 단순히 개인을 치유했던 것만이 아니라, 점령 권력에 대항하는 상징적 혁명에 개입하고 있었다는 말입니다.

당신은 예수가 어떻게 치유했는지에 대해서는 별로 언급하지 않았습니다. 이 경우, 예수는 어떻게 "귀신을 내쫓았습니까?"

그것은 좋은 질문입니다만, 물론 대답하기는 굉장히 어렵습니다.

우리는 모든 문화권에서 인간의 의식이 변화된 상태를 발견할 수 있고, 또한 그러한 상태들이 자주 치유에 사용된다는 것을 압니다. 이것은 특별히 질병의 치료보다는 고통을 치유할 수 있는 역량을 훨씬 많이 내포하고 있는 근대이전의 문화들에서 그렇습니다. 많은 문화권에서 토속적인 치유자들은 접신(接神) 상태, 즉 의식이 변화된 상태에 들어가거나, 혹은 치유과정의 일부로서 환자들 속에 그러한 상태를 만들어냅니다. 현대 세계에 있어서 의사나 심리학자들은, 최면상태에서 가장 분명하게 증명되고 있듯이, 환자들 속의 고조된 암시감응성(suggestibility)을 치유과정의 일부로서 이용하지요.

예수가 그의 비판가들로부터 공격받은 한 사건을 제가 간단히 살피고자 하는 것은 이러한 맥락과 연관이 있습니다.

> 예수께서 벙어리 귀신 하나를 내쫓으셨다. 귀신이 나가니, 벙어리가 말을 하게 되었으므로, 무리는 놀랐다. 그들 가운데서 더러는 말하기를 "그가 귀신의 두목인 바알세불의 힘을 빌어서, 귀신을 내쫓는다" 하였다(누가복음 11:14-15).

고대 가나안 신의 이름인 바알세불은 여기에서 사탄에 대한 상징입니다. 여기에서 우리가 단지 호칭(name-calling)과 관련한 사례를 다룬다고 말할지도 모르겠습니다. 그러나 앞서 언급한 탐식가나 술주정꾼이라는 비난들이 그렇듯이, 호칭은 호칭을 믿을 수 있게 만드는 어떤 근거가 있을 수 있다는 말입니다.

저의 질문은, 예수 자신이 때로 의식이 변화된 상태, 혹은 접신 상태에서 치유했느냐 하는 것입니다. 예수가 치료의 기술로서 전수 가능한 접신 상태를 사용한 치유자였다는 증거는 별로 없다는 것을 저는 너무나 잘 압니다. 또한 종교의 말하고 설교하고 연설하는 측면은, 종교의 만지고 느끼고 소리지르는 측면에 별로 익숙하지 못하다는 것도 저는 잘 압니다. 그러므로 예수의 이러한 측면이 원래 있었다 하더라도, 예수의 질병치유 전통이 그것을 무시했을 가능성은 어느 정도 있습니다. 저의 제안이 사변적이라는 것을 알고 있기에, 이 물음은 미래의 문제로 남겨두고자 합니다. 단지 예수가 하느님의 나라에 관해 토론했을 뿐만 아니라 그것을 실천에 옮겼다는 것, 그리고 여기에서 실천에 옮겼다는 말은 사회적 권위체제와 제국주의적 권력 모두에 도전하는 방향에서 사람들을 치유했다는 것을 뜻했다는 것만큼은 확실합니다. 그리고 이것이 제가 양보할 수 있는 마지막 선입니다.

예수에 관해 이야기하기에 앞서, 기적에 관한 일반적인 질문 하나만 드리도록 하겠습니다. 당신은 그 당시나 혹은 현재의 기적을 믿으십니까? 당신은 기적을 믿으십니까, 아니면 전혀 믿지 않으십니까?

제가 일전에 사실의 진술(statements of fact)과 신앙의 진술(statements of faith)을 구분한 것을 다시 상기해보시기 바랍니다. 저는 이제 그것을 경이(marvel)와 기적(miracle)의 구분에 적용해 보겠습니다. 경이는 저나 우리들이 현재에 아직 충분히 설명할 수 없는 어떤 것을 가리킵니다. 우리 주변에는 우리가 통상 인정하고 있는 것보다 더 많은 경이로운 일들이 있습니다. 우리는 모든 것을 완전히 이해할 수 있는 그러한 폐쇄된 우주에 살고 있다고는 믿지 않습니다. 그리고 우리가 세계를 완전히 이해했다고 하더라도, 그것은 단지 우리의 이해일 뿐입니다. 그러므로 저는 제가 이해할 수 없거나 설명할 수 없는 많은 것들, TV 프로그램이 즐겨 신비(mysteries)라 부르고, 제가 경이(marvel), 이적(wonders), 혹은 수수께끼(puzzles)라고 부르는 것들을 발견하게 되기를 기대합니다. 객관적으로 존재하고 있는 것이 경이인데, 우리는 이것을 충분히 설명할 수 없기 때문에 불가사의하게 생각합니다. 그러나 사람들이 경이로운 일을 기적이라고 선언할 때에는, 그들은 이미 신앙의 행위를 하고 있는 것이지요. 즉 이 때 그들은 하느님이 그들을 위하여 이러한 상황 속에서 직접적이고 즉각적으로 행동하셨다는 것, 하느님이 정상적이고 질서정연한, 혹은 자연적인 과정에 밖으로부터 개입하셔서 이러한 경이를 창조하셨다는 것을 선언하고 있는 것입니다. 이것은, 정의하자면, 신앙의 행위이며, 그것은 입증 여부를 초월해 있는 궁극적인 해석입니다. 우리가 그 모든 과정과 법칙들을 이해할 수 있는 완전히 폐쇄된 우주에 살고 있지 않는 한, 객관적인 기적이란 존재할 수 없을 것입니다. 이 때에 우리의 이해로 설명할 수 없는 것은 기적, 즉 자연세계의 폐쇄된 체계에로의 초자연적인 것의 침입이 될 것입니다.

만약 기적을 선언하는 것이 신앙의 행위에 속한다면, 당신 자신은 기적을 믿습니까?

예, 믿습니다. 그러나 폐쇄된 자연질서에 주기적으로 침입한다는 의미에서 믿는 것은 아닙니다. 하느님이 무엇을 하실 수 있을지에 대해서는 완전히 열어두고자 하지만, 하느님이 무엇을 하고 있는지에 대해서는 아주 분명한 생각을 가지고 있습니다. 초자연적이거나 신적인 존재는 주기적으로 혹은 일시적으로 자연세계 혹은 인간세계의 정상적인 면을 뚫고 침입해 들어오는 어떤 존재가 아닙니다. 초자연적인 존재는 자연세계에 영원히 감추어져 있으면서도, 끊임없이 뛰고 있는 심장(the permanently hidden but perpetually beating heart of the natural)에 더 가깝습니다. 그 존재는 볼 수 있는 영(靈)과 들을 수 있는 신앙을 가진 사람들을 위해 항상 거기에 있습니다. 그러므로 때때로 누군가가 초자연적인 존재가 자연세계를 뚫고 들어와 현존하는 것을 본다고 주장하더라도, 저는 그러한 주장을 비웃지 않습니다. 왜냐하면 저는 그러한 경험들을 초자연적인 존재의 영속적인 현존을 주관적으로 읽어낸 표징들로 이해하기 때문입니다. 제가 가장 잘못되었다고 보는 것은 거룩한 것(the holy)을 자연질서의 위, 아래, 주변, 중심 등 모든 곳에 현존한다고 보지 않고, 오직 자연질서가 깨지고 갈라진 틈 속에서만 찾으려는 것입니다. 기적은 개인이나 공동체가 하느님의 활동하심을 볼 수 있는 자리라고 믿습니다. 예수는, 제게 있어서, 기적입니다.

이것은 기적에 대한 부정적인 선입견으로서, 복음서의 주장들에 대한 당신의 이해가 타당하지 못하도록 만드는 것 아닙니까?

첫째로, 사람들은 누구나 신뢰성의 한계선을 설정합니다. 저는 식품점의 계산대에 설 때마다, 타블로이드판 주간지들을 보게 되는데, 거기에는 부질없는 세상 이야기나 스캔들 이야기, 그리고 기적 이야기들이 실려 있지요. 저는 그것들 중 어느 하나도 믿지 않으며, 이것이 일종의 선입견이라면, 선입견이라 할 수 있습니다. 둘째로, 저는 자연의 일관성을 인정합니다. 이솝(Aesop)은 동물들이 말을 하는 것으로 묘사하는데, 저는 동물들이 고대 그리스어를 말했다거나, 혹은 동물들이 그리스어를 말했을 것으로 그리스인들이 믿었다고는 인정하지 않습니다. 자연의 일관성에 대한 일정한 기준을 인정함으로써 말하는 동물 이야기 형태로 중요한 도덕적인 교훈들을 전하고 있는 우화(寓話)의 문학양식을 파악하는 데 도움을 받습니다. 이솝은 우리에게 하나의 경고입니다. 만약 당신이 그를 문자적으로 취급한다면, 당신은 그를 완전히 오해하게 될 것이라는 경고입니다. 저는 이것을 "이솝 오류"(Aesop Fallacy)라고 부르는데, 이것은 성서를 읽는 데서도 똑같이 나타나고 있습니다. 셋째로, 저는 또한 하느님의 일관성도 인정합니다. 즉 "하느님이 지금 하고 있는 것은 하느님이 항상 해왔던 것이다."라는 말입니다. 하느님은 20세기 후반의 세계에 개입했던 것과 똑같이 1세기 초반의 세계에도 "개입했습니다." 이것들은 전제들, 혹은, 이 표현이 더 낫다면, 선입견들입니다만, 그렇게 보자면 그 반대의견도 물론 마찬가지이지요.

당신은 앞서 그리스의 신 아스클레피오스와 기독교의 처녀 마리아의 치유가 서로 매우 비슷하며, 또한 예수의 기적과도 비슷하다고 했습니다. 그러면 죽은 사람을 다시 살린 이야기들은 어떻게 되는 것입니까? 죽었던 나사로를 다시 살린 이야기는 어떻게 됩니까? 그런 이야기들은 실제로 일어난 일입니까?

나사로의 이야기와 같은 경우 상징적 차원이 얼마나 두텁게 둘러쳐져 있는가 하는 것은 흥미롭습니다. 이 이야기의 핵심부분을 살펴보겠습니다(요한복음 11:21-27):

> 마르다가 예수께 말하였다. "주님, 주님이 여기에 계셨더라면, 내 오라버니가 죽지 않았을 것입니다. 그러나 나는 지금이라도 주께서 하나님께 구하시면, 하나님께서 무엇이나 다 이루어 주실 줄 압니다." 예수께서 마르다에게 말씀하셨다. "네 오라버니가 살아날 것이다." 마르다가 말하였다. "마지막 날 부활 때에 그가 다시 살아나리라는 것은, 내가 압니다." 예수께서 마르다에게 말씀하셨다. "나는 부활이요 생명이니, 나를 믿는 사람은 죽어도 살고, 살아서 나를 믿는 사람은 영원히 죽지 않을 것이다. 네가 이것을 믿느냐?" 마르다가 예수께 말하였다. "예, 주님! 주님은 세상에 오실 그리스도이시며 하나님의 아들이신 줄을, 내가 믿습니다."

이 이야기를 어떻게 이해해야 할까요? 하느님의 일관성의 시각에서 보면, 예수를 포함하여 어느 시대 어느 누구도, 죽은 사람을 다시 살릴 수 있으리라고는 생각지 않습니다. (저는 물론 거의 죽은 것과 다름없는 경험이나, 혹은 가사상태의 시체에 관해 말하고 있는 것이 아닙니다. 죽음은 다시 생명으로 돌아올 수 없다는 것을 의미합니다. 다시 돌아온다면, 그것은 죽은 것이 아닙니다. 임신과 마찬가지로, 죽음은 이것 아니면 저것이지, 그 이상도 그 이하도 아닙니다.) 그러나 저는 이 이야기에서 실제로 일어난 것, 즉 그 가장 깊은 의미에서 진실에 속한 것을 알 수 있다고 생각합니다.

현 사회로부터 한 예를 들기 위해, 당신이 미국 중서부에 있는 한 "링컨 고등학교" 앞에 섰다고 가정해 봅시다. 그리고 그 학교 앞에서 당신이 노예의 발목을 묶은 쇠사슬을 도끼를 높이 치켜들고 이제 막 끊으려고 하는 링컨 동상을 보았다고 가정해 봅시다. 당신에 대한 저의 질문은 이것입니다: "이것은 사실입니까, 아니면 거짓입니까?" 물론 그러한 사건은 발생한 적이 없지만, 일어나지 않은 그 사건은 링컨 생애의 전 과정과 그 의미를 **상징화**(symbolizes)합니다. 우리는 그러한 사건이 실제로 발생하지 않았다 하더라도 그 동상에 함축된 상징성은 **진실**이라고 말하지 않겠습니까?

저는 이것이 죽은 사람을 일으킨 이야기들에서 말하고자 하는 초점이라고 생각합니다. 요한복음에서 나사로의 부활(restoration) 사건은 죽은 사람의 일반적인 부활, 즉 앞으로 일어날 먼 미래의 사건을 설명하지요. 그러나 저는 갈릴리 전역의 농민들은 동일한 강도(強度)를 가지고, 예수가 바로 지금 여기 현재의 삶 속에서 그들을 위해 죽음으로부터 생명(life out of death)을 가져다주었다고 말했을 것이라고 상상할 수 있습니다. 죽음으로부터 벗어난 **생명**은 그들이 그들 자신의 육체와 희망과 운명에 대해 다시 주체성을 회복하게 만들어주는 하느님 나라에 대한 그들의 경험을 그들이 어떻게 이해하고 있었는가 하는 것을 말해줍니다. 예수는 하느님의 나라, 곧 세계를 향한 하느님의 뜻은 시이저의 길과 다르다고 말했습니다. 그것은 시이저의 길과 정반대입니다. 그것은 점령과 원조, 억압과 지배, 차별과 소외와는 정반대되는 것이었지요. 예수의 이러한 주장은 제일차적이면서 가장 기본적인 사회적 치유행위, 그것 없이는 어떤 다른 차원에서도 치유가 일어날 수 없는 이데올로기적 차원에서의 치유행위였습니다. 하느님의 나라가 그들에게 힘을 불어넣으면서 그들과 함께 현존함을 경험했던 예수의 청중들은 그것이 죽음으로부터 다시 사는 것을 의미했음을 알고 있었지요. 예수가 무덤의 문을 두드렸다고 하는 것은 바로 이러한 경험에 대한 명실상부한 비유였습니다. 이것은, 말하자면, 보다 큰 과정을 위한 극적인 전환이었습니다.

다시 말하면, 저의 요점은, 고대인은 문자적인 이야기를 전했는데, 우리가 너무 영리해서 그것을 상징적으로 이해하고 있다는 것이 아니라, 오히려 고대인은 그 이야기를 상징적으로 전했는데, 너무 우둔한 우리들이 그것을 문자적으로 이해하고 있다고 하는 것입니다. 그들은 그들이 하고 있는 일을 알고 있었습니다. 그러나 우리는 그렇지 못합니다.

이러한 치유들과 관련된 마지막 논의는 이것입니다. 예수는 왜 항상 이동하는 것처럼 보이는 것일까요? 누구가를 치료하면, 예수는 서둘러서 다른 곳으로 이동합니다.

일정 지역에 머물기보다는 항상 어딘가로 떠나는 모습으로 예수를 그리는 것은, 바로 그것으로 예수의 활동의 성격을 해석하고 있는 것입니다.

신약성서 연구에 있어 재미있는 문제 하나를 지적하는 것으로써 이 문제에 접근해 보도록 하겠습니다. 마가복음에 보게 되면(6:4), 예수 자신의 가족들은 예수를 믿지 않은 것으로 되어 있습니다. 그러나 38년 경 바울이 예루살렘에 도착했을 때, 그는 이미 그 곳에서 권위있는 지위를 차지하고서 베드로와 함께 있는 예수의 **형제** 야고보를 발견했습니다. 그래서 문제가 됩니다. 이 둘 사이에 무슨 일이 일어난 것일까요? 야고보는 어떻게 믿지 않았다가 믿게 된 것이며, 어떻게 나사렛에서 예루살렘으로 가게 된 것일까요? 저의 생각에는, 예수의 가족들은 사실 예수의 능력과 사명을 믿기는 했으나, 예수가 능력을 행사하고 사명을 이해한 그러한 방식으로는 믿지 않았던 것 같습니다.

지중해 연안의 문화에서는 모든 관계들이 보호자/피보호자(patron/client)라는 연결고리에 의해 지배되었습니다. 당시에는 매우 적은 수의 상류계급과 매우 많은 수의 하류계급이 있었지요. 사회를 하나로 묶어 주었던 것은 보호자와 피보호자 사이의 다양한 고리들이었습니다. 즉 힘이 없는 사람들은 그들 위에 있는 보호자에 대해 피보호자일 수 있으며, 그 보호자들은 그들보다 더 강한 다른 사람들에 대해 피보호자일 수 있습니다. 당시의 중개인들(brokers)은 그들 위에 있는 사람들에 대해서는 피보호자였고, 그들 아래 있는 사람들에 대해서는 보호자였습니다. 이 체제는, 가장 잘 운영될 때에는 하류계급의 개인들이 배려될 수 있는 희망을 제공했고, 가장 최악의 상태에 이르렀을 때에는 그들의 의존성과 억압을 영속화했습니다. 예수 가족이 예수와 관련하여 가지고 있던 문제는, 예수가 나사렛에 있는 그의 집에 머물러 있으면서, 그 곳에서 치유의 제의를 확립하기를 바랐던 것이라고 저는 믿습니다. 예수는 그 제의의 **보호자**가 될 것이고, 가족은 그 **중개인들**이 될 것이며, 그의 명성이 농민들의 입을 통해 퍼져나감에 따라 환자들은 치유되어야 할 피보호자들로서 찾아오게 될 것입니다. 이것은 누구에게나 좋은 것이 되었을 것이지요. 그러나 예수는 그 대신에 길거리로 나아갔고, 치유를 필요로 하는 사람에게 치유를 베풀었으며, 그것을 매일 새롭게 했습니다. 이것은 특별히 지중해 연안의 가치의 세계에서는, 당시의 치유하는 방식이 아니었고, 가족을 대하는 방식도 아니었지요. 그러므로 일단 예수가 죽자, 그의 형제 야고보가 한 자리에 확실히 정착했던 것, 정확히 예루살렘에 자리를 잡고 책임을 맡았던 것을 발견하게 되는 것은 그리 놀랄 일이 아닙니다.

예수가 왜 계속 이동했는지에 대해 해명해 줄 또 다른 이야기가 있습니다(마가복음 1:35-38). 예수는 베드로의 집에 들어가서 베드로의 장모를 치유했는데, 동네의 병든 사람들이 치유받기 위해 베드로의 문 앞에 모여들었지요. 당시 지중해 연안의 사람들이라면, 이 때 베드로의 집은 예수의 치유를 위한 중개소(brokerage place)가 되어가고 있다는 것을 알았을 것입니다. 그러나 예수는 다음날 아침 혼자 호젓한 곳에 나아가 기도를 드렸으며, 베드로가 예수를 쫓아와 돌아가자고 했을 때, "가까운 여러 고을로 가자. 거기에서도 내가 말씀을 선포해야 하겠다. 나는 이 일을 하러 왔다"고 대답하셨지요.

마가의 관점에서 볼 때, 예수와 베드로는 사명에 대한 서로 다른 비전을 가지고 있었기 때문에, 마가는 예수가 베드로와 반대 입장에 있었다는 것을 보여주기 위해 이 이야기를 창작했습니다. 베드로는 예수를 한 장소에 묶어두어, 그의 보호자를 병에 걸린 피보호자와 중개할 준비가 되어 있었습니다. 반면에 예수는 중개자가 필요없는 하느님의 나라 (unbrokered Kingdom)를 그를 필요로 하는 모든 사람들에게 제공하고 있었기 때문에, 계속 이동할 준비가 되어 있었던 것이지요. 영적인 선물과 물질적인 선물의 동등한 나눔, 기적과 밥상의 동등한 나눔은 한 장소에 중심을 둘 수 있는 것이 아니지요. 왜냐하면 바로 이러한 장소의 계급화, 즉 저기 위에 여기를 두고, 저곳 위에 이곳을 두는 계급화는, 예수가 선포하는 철저히 개방된 공동체를 상징적으로 파괴하기 때문입니다. 예수에게 있어서 하느님의 나라는 보호자로서 그가 제공할 수 있는 자신의 것도 아니고, 다른 사람을 위해 중개할 수 있는 것도 아닙니다. 하느님의 나라는 그 안에서 개인들이 서로 서로 그리고 하느님과 직접적인 접촉을 가질 수 있는, 그래서 어떤 기존의 중개인들이나 혹은 고정된 장소에 의해서도 매개되지 않는, 철저한 그리고 중개가 필요 없는 평등의 공동체입니다.

6장

예수는 새로운 종교를 창시할 생각을 갖고 있었을까?

    불가지론을 믿는 유대인으로서, 저는 우주와 자연법칙에 대해 경외심을 갖고 있습니다. 우주는 어디에서 어떻게 시작되었는가 하는 것은 사실상 우리의 현재 지식의 범위를 넘어서 있고, 어쩌면 우리가 알 수 있을 것으로 기대할 수 있는 것조차도 넘어서 있습니다. 반면 인간의 진보는 완고한 정통주의에 매이지 않은, 그리고 홀로 일어설 용기를 가지고 있는, 당신 같은 사람들에게 항상 의존하게 될 것이라고 생각합니다.

일리노이로부터 한 남성이

    우리는 [『예수: 하나의 혁명적 전기』 안에서] 우리의 기독교 전통 중 상당 부분을 비신화화한 것에 대해 한편으로는 기꺼이 수용하면서도 한편으로는 한탄스럽게 생각하고 있습니다. 우리 중 한 사람이 한탄하는 어조로 이렇게 말했습니다. "그는 성탄절을 빼앗아 갔습니다. 그는 기적들을 빼앗아 갔고, 지금은 부활절조차도 빼앗아 가려고 하고 있습니다." 우리는 그러한 성서 구절들을 단순히 "이야기들"로 보게 되었을 때, 이러한 이야기들로부터 영감을 받아 만들어진 영광스러운 음악이나 미술에서 일어날 결과에 대해 우려하지 않을 수가 없습니다. 그러나 우리는 또한 당신이 실제로 그것들을 빼앗아 간 것은 아니라는 사실도 알고 있습니다. 어떤 의미에서는 그 이야기들이 문자주의와 더불어 매몰되지 않음으로써, 그 진리를 더욱 완전하게 수용할 수도 있을 것입니다.

오하이오의 한 단체가

우리 대부분은 예수를 결과적으로 사회적 혁명을 주도한 한 농부로 생각한 적이 없습니다. 예수의 이 비전은 평등, 정의, 차별반대, 치유, 그리고 통솔능력을 포함합니다. 그렇습니다. 우리는 이것이 기독교의 사역이라는 것은 알고 있지만, 예수가 "그 책임을 이끌었다"고는 별로 생각해보지 못했습니다.

일리노이로부터 한 여성이

진지한 마음으로 당신이 다음 물음들을 고려해 주기를 바랍니다. 예수가 활동할 당시에 당신이 살아 있었습니까? 예수가 십자가에 처형되어 무덤에 들어가게 되었을 때, 당신이 그 곳에 있었습니까? 예수가 부활했을 당시에, 당신이 그 곳에 있었습니까? 당신이 그곳에 없었다면, 어떻게 당신은 당시에 일어난 일과 그 원인에 대해 그토록 권위 있는 단언을 내리실 수 있는 것입니까? … 우리는 스스로를 권위 있게 생각하지는 않지만, 그 곳에 있던 많은 사람들이 증언한 예수의 육체적 부활을 믿습니다.

일리노이로부터 한 단체가

만약 철학적 견유학파의 유대교판으로서의 예수가 우리 인간의 모형이라고 한다면, 우리는 어떻게 무엇을 소유할 수 있을 것이며, 어떻게 상대적이나마 편안함 속에서 살 수 있을 것이며, 어떻게 지속적으로 제도권 속의 직업을 가질 수 있을 것이며, 또한 결혼할 수 있겠습니까?

아리조나로부터 한 남성이

고등학교와 특별히 대학을 다니는 동안, 저는 교회에서 들은 복음서의 많은 신화적 요소들과 예수의 생애를 받아들일 수 없었습니다. … 당신의 두 책은 실제의 예수가 가르치고 살았던 것을 찾고자 하는 저의 요구를 만족시켜 주었습니다. 저는 완전히 매료되었고 그 책들을 내려놓을 수가 없었습니다. … 그 책들을 읽은 후, 저는 예수의 실제 메시지는 그대로 따라 살기 매우 힘들다는 사실, 즉 제 마음을 사회의 소외된 사람들에게 개방하여 물질적인 부를 전혀 누리지 못하는 사람들을 치유하고 그들과 함께 먹는다는 것이 매우 어렵다는 사실에 부딪쳤습니다. 그러나 최소한도 지금 저의 영혼은 제가 올바른 궤도에 들어섰다고 말하고 있습니다.

버지니아로부터 한 남성이

예수는 새로운 어떤 종교, 즉 오늘날 우리가 기독교라고 부르는 것을 창설하려 했거나, 혹은 최소한도 별도의 기독교 교회를 세우려고 했던 것입니까?

이에 대한 대답은 분명히 그렇지 않다는 것입니다만, 이것은 예수가 어떤 매우 특별한 프로그램을 가지고 있지 않았다는 것을 의미하지는 않습니다. 예수는 하느님에 대한 어떤 새로운 아이디어를 가지고 비전을 제시했던 사람 이상이었습니다. 그는 동시에 다른 사람들이 그 하느님이 요구하는 삶을 살 수 있도록 도우려고 했습니다. 예수의 의도는 로마의 식민주의와 도시화 때문에 심한 압박 속에 있던 농민 공동체를 회복하려는 것이었지요. 그는 신적(神的) 이상, 즉 완전한 평등의 세계 속에서의 철저한 정의의 하느님을 선언함으로써 이를 수행했습니다. 저는 당신의 질문에 근거하여,

예수가 하느님 나라에 대해 독점권을 행사했는지, 아니면 하느님 나라는 참여를 원하는 모든 사람에게 개방되어 있는 어떤 사회적 프로그램을 수반했는지를 묻고자 합니다.

저는 이 책 전체를 통하여 예수는 농민 계급 출신이라는 점을 강조해 왔습니다. 이제 그러한 것이 하나의 프로그램으로서의 예수의 활동(Jesus' mission as a program)에 있어 어떤 의미를 갖는지에 대해 자세히 검토해야 할 중요한 시점에 이르렀습니다.

우리는 농민 계급이, 특별히 억압 세력의 발꿈치 밑에 있었던 1세기의 팔레스틴에 있어서, 어떻게 저항해야 할 것인가에 대해 중대한 결단을 내려야만 했다는 점을 인식하는 것으로부터 시작할 필요가 있습니다. 그리고 그들은 어떠한 방식으로든 저항했을 것입니다. 인류학자들은 농민 저항에 있어 개방된 비일상적인 형태와 은폐된 일상적인 형태 사이를 구분합니다. 우리는 그러한 행동이 폭동 혹은 반역의 형태로 나타나는 **공개적인(overt)** 저항에 대해서만 생각해보고자 합니다. 그러나 이것은 통상 막판에 다다른 필사적인 노력들로서, 대개 비참한 패배로 끝나고 말지요. 하지만 **은폐된(covert)** 저항도 있습니다. 이것은 매일같이 일어나는 저항이 표면 밑에 감추어져 있어서 쉽게 발견되지도 않고, 쉽게 응징할 수도 없고, 또 효과적으로 제거할 수도 없는 저항이지요. 소규모의 파괴행위, 절도, 혹은 방화로부터 침묵의 행동, 고의적 실수, 명령의 착오에 이르는 모든 것은 매일의 일상적인 저항 형태들로서, 이는 치명적인 응징을 받음이 없이 억압받는 사람들의 위엄을 유지시켜 줍니다.

이러한 구분은 1세기 이스라엘에서 로마의 통치에 대한

농민의 반응을 분류하는 데 도움을 줍니다. 다른 곳에서도 그렇지만, 저항은 통상 공공연한 폭동으로--그것은 종종 억압자들이 처음으로 문제에 주목하게 되는 지점이기는 하지만--시작하지 않습니다. 그러나 확실히 **공개적인** 형태의 저항은 있었습니다. 즉 비무장 저항가들, 무장한 반도(叛徒)들, 묵시 종말적 예언자들, 그리고 메시아적 지도자들의 저항이 그것입니다. 우리는 귀족적인 역사가 요세푸스로부터 이러한 형태의 저항과 폭동에 대한 자세한 기록을 접할 수 있습니다. 왜냐하면 이러한 상류층 관찰자들은 공개적이고 드러난 형태의 저항에 관심을 집중시키기 때문입니다. 그러나 **공개적인** 저항은 항상 농민의 동요에 있어 빙산의 일각에 불과하지요. 그러한 동요의 대부분은 표면 밑에 감추어진 **은폐된** 것이며, 공격 대상이 되는 세력들에게는 눈에 뜨이지 않습니다.

아마도 저 자신의 배경으로부터 하나의 예화를 끄집어내는 것이 도움이 될 것 같습니다. 이 이야기는 몇 백년 전 아일랜드 귀족계층이 유배되고, 영국의 엘리트 계층이 그 자리를 대체했을 때를 상정하고 있습니다. 19세기 말엽 길을 잃은 영국의 사냥꾼 도너걸(Donegal)이 한 아일랜드 농부에게 묻습니다. "우리 일행이 이 길로 지나갔습니까, 착한 양반?" "그들이 지나갔습니다, 신사 나리." "얼마나 오래 전에?" "약 300년 전에요, 신사 나리." 이것은 저항에 있어 하나의 매우 작은, 상당히 안전한--이야기로서 계속 반복될 만한--행동이었습니다.

예수의 활동에 대한 저의 주장은 이것입니다: 예수가 하고 있었던 것은 정확히 공개적인 저항과 **은폐된** 저항의 경계선에 위치했다는 것입니다. 한편으로, 그의 저항은 저항가들이나 예언자들이나 반도(叛徒)들이나 메시아들의 저항처럼 공개적인 것은 아니었지요. 그러나 다른 한편, 그것은 단순히 말 못하는 척 하고 있고, 마음속으로만 복수하고, 모세와 다윗 시대 이래의 이야기들을 되뇌이는 것보다는 훨씬 공개적인 것이었습니다. 예수가 개방된 상태에서 함께 식사하고 무상으로 사람들을 치유하는 행위는 은폐된 저항과 공개된 저항, 비밀스러운 저항과 개방적인 저항, 개인적인 저항과 공동체적인 저항 사이의 한 가운데에 위치했습니다. 그러나 그럼에도 불구하고 저는 이러한 예수의 행동은 저항의 행동이었다고 주장합니다.

이러한 저항은, 당신 생각에, 순수하게 예수의 개인적 반응에 속했다고 보십니까, 아니면 그가 사회 운동을 조직하려고 했다고 보십니까? 예수는 다른 사람들을 그의 선교에 개입시키려 했습니까?

저는 예수가 전개한 활동을 묘사하기 위해 "선교"(mission)란 개념을 사용할 수 있다고 봅니다. 왜냐하면 예수의 활동은 단순히 개인적 생활방식 이상이었기 때문입니다. 물론 저는 "선교"란 말로 기독교의 전체 시도, 예컨대, 바울 이후의 기독교 전파는 차치하고라도, 지중해 세계에 걸친 바울의 전도여행을 통한 시도를 싸잡아 이해할 생각은 없습니다. 그러나 제게 분명한 것은, 예수는 여기 지상에서의 하느님 나라에 대한 위대한 비전을 가지고 있었고, 또한 이 비전을 삶으로써 실천했다고 하는 것입니다. 그리고 제게 또 한 가지 분명한 것은, 그는 다른 사람들에게 힘을 불어넣어서 자신과 더불어 이 선교에 적극적으로 개입할 수 있도록 독려했다는 것입니다. 당신은 세례 요한이 어떻게 이스라엘 전역에 흩어져서 복수하는 하느님의 행동을 기다리고 있던 사람들을 세례 공동체로 조직했는가 하는 것을 기억할 것입니다. 저는 예수도 하나의 운동을--그러나 전혀 다른 하느님으로부터 전혀 다른 메시지를 가지고--조직하고 있었다고 생각합니다. 저는 이것을 독려(督勵)하는 공동체(a companionship of empowerment)라 부르고자 합니다.

당신은 이 선교가 무엇인지 간단히 설명해 줄 수 있겠습니까?

저는 이미 예수의 개방된 밥상과 무상(無償) 치유의 실천에 대해 묘사한 적이 있습니다. 그의 선교는 기본적으로 도전하고 독려하는 삶의 양식에로 다른 사람들을 초대하는 것이었다고 생각합니다. 원래 예수 운동의 핵심은 개방된 밥상을 함께 나누고, 무상의 치유를 제공하는 것이었지요. 물질적 자원을 나누는 일(먹는 일)과 영적 자원을 나누는 일(고치는 일)을 결합시키는 것이 예수의 선교의 실질적인 핵심입니다. 이러한 과정은 근본적으로 다른 영성을 함축했습니다. 즉 이것은 개인들을 모아서 교제 속에서, 단순히 교제를 통해서가 아니라, 하느님을 경험하는 공동체로 결속시키려 했습니다. 지중해 연안의 사회와 종교를 틀잡았던 보호자와 중개인, 중재인과 피보호자의 계급제도 대신에, 예수는 하느님과의 개방적이고도 직접적인 관계 속에서 살았고, 다른 사람들을 초대하여 그렇게 살도록 했습니다. 하느님의 나라는 소외된 개인들을 위한 하나의 프로그램이 아니었지요. 그것은 참여자들을 독려하여 하느님과 직접적인 접촉을 갖도록 하는, 그러한 도전에 대한 하나의 대체물이 되기보다는, 공동체적 삶을 위한 것이었습니다.

저와 함께 이러한 선교를 가리키는 중요한 본문 하나를 살펴보도록 하겠습니다.

> 그 때에 그들에게 말씀하셨다. "추수할 것은 많으나, 일꾼이 적다. 그러므로 추수하는 주인에게 추수할 일꾼을 보내 달라고 청하여라. 가거라. 내가 너희를 보내는 것이 어린 양을 이리 가운데로 보내는 것과 같다. 전대도 자루도 신도 가지고 가지 말고, 길에서 아무에게도 인사하지 말아라. 어느 집에 들어가든지, 먼저 '이 집에 평화가 있기를 빕니다!' 하고 말하여라. 거기에 평화를 바라는 사람이 있으면, 너희가 비는 평화가 그 사람에게 내릴 것이요, 그렇지 않으면, 그 평화가 너희에게 되돌아올 것이다. 너희는 한 집에 머물러 있으면서, 거기에서 주는 것을 먹고 마셔라. 일꾼이 자기 삯을 받는 것은 마땅하다. 이집 저집 옮겨 다니지 말아라. 어느 성읍에 들어가든지, 사람들이 너희를 영접하거든, 너희에게 차려 주는 음식을 먹어라. 그리고 거기에 있는 병자들을 고쳐주며 '하나님의 나라가 너희에게 가까이 왔다'하고 그들에게 말하여라. 그러나 어느 성읍에 들어가든지, 사람들이 너희를 영접하지 않거든, 그 성읍 거리로 나가서 말하기를 '우리 발에 묻은 너희 성읍의 먼지를 너희에게 떨어 버린다. 그러나 하나님의 나라가 가까이 왔다는 것을 알아라' 하여라(누가복음 10: 2-11).

이 본문에는 물어야 할 몇 가지 물음이 있습니다. 첫째로, 이 선교에서 예수가 보내고 있는 사람은 누구인가? 도마복음서는 단순히 "따르는 사람들"이라고 말합니다. Q 복음서는 "70명의 다른 사람들"을 가리킵니다. 마가복음서는 "12

의 사도들"을 가리킵니다. 이 질문에 대한 저의 대답은, 예수가 보낸 사람들은 어떤 특수한 폐쇄 집단 출신이 아니라는 것입니다. 이들은 아마도 자발적으로 모든 것을 포기한 사람들이라기보다는, 최근에 모든 것을 잃어버린 사람들일 것입니다. 그들은 가난과 적빈(赤貧)의 경계선상에 서 있었습니다. 로마의 도시화 과정이 농민들을 무겁게 내리누르고 있었던 것은 바로 여기에서였습니다. 모든 농민들이 적빈상태에 있었던 것은 아니지만, 농민의 삶은 점차 매우 불안전하게 되었고 또한 불안정하게 되었습니다. 다른 말로 하면, 요한이 묵시종말적 기대를 함께 나눔으로써 하나의 네트워크를 형성했던 것처럼, 예수는 **치유를 함께 나누는 네트워크**(network of shared healing)를 형성했다고 할 수 있습니다.

"누구"를 보냈는가 하는 이 토론에서 저는 특이한 점 한 가지를 더 지적하고 싶습니다. 마가는 이 이야기를 전할 때에, 예수가 12명을 **둘씩 짝지어** 보냈다고 했습니다. 우리가 부활과 관련된 장에서 보다 세밀하게 연구할 매우 상징적인 이야기를 보게 되면, 우리는 선교사를 둘씩 짝지어 보낸 이유에 대한 실마리를 발견할 수 있을 지 모릅니다. 이 이야기에서 예수를 따르던 두 사람은 부활절 일요일에 예루살렘에서 엠마오로 여행을 합니다. 그 중 한 사람의 이름은 남자로서 글로바입니다. 다른 한 사람은 이름이 밝혀지지 않았습니다. 지중해 연안 사회에서는 두 사람이 짝을 이루고 있는데 한 사람의 이름(남자)은 밝혀지고 다른 한 사람의 이름이 밝혀지지 않았다면, 그 두번째 사람은 여성이라고 가정해도 좋을 것입니다. 하지만 그 여성은 글로바의 아내라고 지적되지 않은 점을 주목하시기 바랍니다. 그렇다면 이러한 짝지움을 우리는 어떻게 이해해야 할까요?

바울은 그 자신의 선교활동을 논할 때(고린도전서 9:5), 다음과 같이 기록합니다: "우리에게는 다른 사도들이나 주님의 동생들이나 게바처럼 믿는 자매인 아내를 데리고 다닐 권리가 없습니까?"

그리스어의 문자적 의미인 "자매인 아내"가 영어에서는 "믿는 아내"로 번역되었습니다.

그러나 바울은 사실 결혼하지 않았습니다. 제 생각에는, "자매인 아내"는 결혼한 아내를 가리키는 것이 아니라, 동반한 여성이 세상을 위해 마치 그의 아내가 되기라도 한 듯이 남성 선교사와 함께 여행했던 여성 선교사를 가리키는 것 같습니다. 왜 이렇게 함께 다녔을까요? 분명한 대답은, 남성의 권력과 폭력이 난무한 세상에서 혼자 여행하는 남성 선교사를 사회적으로 보호하려는 것이었을 것입니다. 저는 이것이 예수가 선교사를 짝을 지어 내보낸, 즉 여성 선교사를 허용한 원래의 목적이었다고 생각합니다. 선교에 있어 남성과 여성이 동반자 관계를 갖는 것은 예수의 의도를 이해하는 데 있어서 뿐만 아니라, 현대 기독교에 있어 여성의 역할에 있어서도 분명 중요한 의미를 가집니다.

위에 인용한 선교와 관련된 구절의 일부는 여기에서 다시 주의 깊게 살펴볼 필요가 있습니다. "전대도 자루도 신도 가지고 가지 말고, 길에서 아무에게도 인사하지 말아라." 이것은 하느님 나라 운동의 "옷차림 규정"(dress code)이라고 부를 만한 모습입니다.

하느님 나라를 위한 옷차림이요?

예, 그렇습니다. 그리고 그것은 매우 엄격한 것이었습니다. 그러나 물론 핵심은 옷차림의 상징성입니다. 이 이야기의 후기 병행구에서 볼 수 있듯이(예를 들어 마가복음 6:7-13에서), 이러한 보다 철저한 옷차림은 후에 훨씬 완화되는 것을 발견할 수 있습니다. 여기에서 선교사들은 전대도 자루도 신도 지팡이도 가지고 가지 말라고 요구되지만, 마가는 그들이 지팡이와 신을 가지고 가도록 허용하지요. 우리는 보다 엄격하고 철저한 요구사항들이 완화되는 것을 보게 됩니다만, 이는 시간이 지남에 따라 교회가 역사적 예수의 삶의 스타일을 그들 자신의 요구에 맞추었다고 이해해도 좋을 듯합니다. 그러므로 저는 전대와 자루와 신발과 지팡이와 인사를 금지한 것은 예수 그 자신에게서 온 기본적이면서도 변형되지 않은 것이라고 결론을 내립니다.

길에서의 옷차림과 처신에 대해 이토록 엄격한 규칙을 만든 예수가 말하고자 했던 핵심은 무엇이었습니까?

몇 가지 실마리를 얻기 위해, 지중해 연안 주변으로 가서 1세기의 다른 철저한 선교사들을 살펴보도록 하겠습니다. 이들은 예수와 마찬가지로 그들의 말과 삶, 그리고 그들의 가르침과 옷차림으로써 일반인들에게 설교를 했습니다. 저는 견유학파(Cynicism)로 불리는 이 철학적 운동을 알아보고자 합니다.

오늘날 이 단어는 "냉소주의"라는 말로 아무 것도 믿지 않거나 혹은 모든 것을 의심하는 태도를 의미합니다. 그러나

1세기에 이것이 의미했던 것은 단순히 철학적인 불신만이 아니라, 일상적인 문화적 가치에 대한 실천적인 저항도 포함했습니다. 견유철학자들은 욕망, 감정, 통제, 권위, 여론, 재물, 가정생활 등으로부터의 자유를 통해 행복을 추구하려 했습니다. 그들의 상징적 옷차림은 배낭을 짊어지고, 지팡이를 짚고, 오른쪽 어깨를 드러낸 채 더럽고 남루한 옷을 입는 것이었지요. 그들은 통상 신발을 신지 않았으며, 머리카락과 수염은 다듬지 않고 길게 늘어뜨렸습니다. 여러분들은 여기에서 옷차림으로써 당시 사회의 물질적 가치관에 대한 거부를 극적으로 표현하고 있는 1세기의 히피상을 보고 있다고 해도 그리 잘못될 것이 없지요. 그러므로 견유학파는 인습적인 사회에 대한 일종의 저항운동이었으며, 특별히 권력과 통치와 지배와 왕권에 대한 문제제기를 함축했습니다. 여러분들은 알렉산더 대왕으로부터 초대받아 원하는 것을 말할 수 있는 기회를 얻은 견유철학자 디오게네스(Diogenes)가 그 정복자에게 단순히 가리고 있는 햇빛을 비켜달라고 요청한 유명한 이야기를 기억할 것입니다. 이 유명한 이야기가 제기하는 물음은 이것입니다: "누가 참된 지배자인가? 모든 것을 원하는 자인가, 아니면 아무 것도 필요로 하지 않는 자인가? 누가 참으로 부유한 자인가? 아시아의 모든 나라들을 원하는 자인가, 아니면 단지 약간의 햇빛만으로 만족하는 자인가?" 그래서 삶과 옷차림을 통해 일반인들 사이에서 가두연극을 벌이듯 살았던 견유철학자들은 그들 문화와 문명의 전제들에 대해 근본적인 문제를 제기했습니다.

그러나 지중해 연안의 견유철학자들이 예수 운동과 비슷하게 보인다 할지라도--모두 신발을 신지 않았고 길거리에서 형식적인 인사나 잡담으로 시간을 보내지 않았다는 점에서 일치한다--, 이들 사이에는 분명한 몇 가지 차이점이 있습니다. 여기에서 우리는 특별히 전대(돈지갑)와 지팡이에 관해 언급할 필요가 있습니다.

여기에서 "전대"(wallet)라는 용어는 사실상 부적절한 번역이라고 보는데, 그 이유는 이것이 돈을 함축하기 때문입니다. 해당 그리스어는 "배낭"(knapsack)으로 번역되는 것이 보다 적절할 것입니다. 견유철학자들에게서 상징되고 있는 것은 그들의 완전한 자급자족입니다. 즉 그들은 집과 소유물을 항상 몸에 지니고 다녔지요. 그들이 필요로 하는 모든 것은 어깨에 멜빵을 한 간단한 배낭 속에 넣고 이동했습니다. 또한 지팡이도 가지고 다녔습니다. 이것은 그들의 유랑자적 신분, 즉 그들은 항상 어딘가를 향해 영적으로 유랑하는 사람이라는 사실을 재연했습니다. 그래서 배낭과 지팡이는 그들의 유랑자적 자족을 상징했지요.

이와는 대조적으로, 예수의 선교사들은 배낭도 짊어지지 않았고 손에 지팡이도 짚지 않은 것으로 전해집니다. 이것은 두드러진 차이점으로, 우리는 그것의 의미하는 바를 물어볼 필요가 있습니다. 저는 이것이 의미하는 것은 다음의 것이라고 생각합니다: 견유철학자들은 **자급자족(self-sufficiency)**을 강조하고 있는 반면에, 예수의 선교사들은 **공동체적 의존성(communal dependency)**을 강조하고 있습니다. 견유철학자들은 어느 누구도 그리고 어떤 것도 필요로 하지 않습니다. 그러나 예수의 선교사들은 이제 개방된 밥상과 무상의 치유를 함께 나눌 다른 사람들로부터 음식과 숙소를 필요로 합니다. 이 두 공동체는 모두 유랑생활을 하고 있지만, 견유철학자들은 자족하는 고독한 사람들인 반면, 예수가 보낸 선교사들은 새로운 공동체에 의존하고 있습니다.

당신은 예수가 견유학파의 운동으로부터 몇 가지 통찰을 빌어왔다고 암시하고 있는 것입니까?

예수가 견유학파 운동에 관해 들은 적이 있는지조차 우리는 사실 알 길이 없습니다. 제가 지적하고자 하는 것은, 예수가 그 운동으로부터 통찰을 빌어왔다든지, 혹은 그 운동을 모방했다는 것이 아니라, 예수나 견유학파의 설교자들이 어떻게 일반인들에게 호소했는가 하는 것을 살피는 것이 우리에게 도움이 된다는 점입니다. 양자는, 단순히 말로만이 아니라 행동으로서도 그들의 입장을 주장했던, 삶의 양식을 통한 설교자들입니다. 양자는 옷차림을 통해 극적으로 그들의 메시지를 상징화했습니다. 예수와 견유철학자들은 공히 물질주의, 억압, 그리고 1세기에 실질적인 힘을 창출해낸 것에 대한 왜곡된 의식에 대립하여 가르치고 행동했습니다. 물론 차이점도 또한 분명합니다. 견유철학자들은 도시인이었던 반면, 예수는 시골 사람이었습니다. 견유철학자들은 자급자족의 개인주의 철학을 따랐던 반면, 예수는 공동체 운동을 조직했습니다. 견유학파의 상징주의는 배낭과 지팡이를 요구했지만, 예수의 상징주의는 배낭도 지팡이도 요구하지 않았습니다. 예수를 농부 신분의 유대교적 견유학파에 비견될 수 있다고 말하는 것은 아마도 크게 지나치지 않을지 모릅니다. 그것이 어떠하든, 그리고 예수가 견유철학자에 대해 전혀 들은 바가 없다 하더라도, 이러한 비교는 그러한 옷차림의 의미를 이해하는 데 도움을 줄 것입니다.

무상의 치유와 개방된 식사의 상호연관성에 대해 보다 충분하게 설명해 줄 수 있겠습니까?

제가 보고 있는 것은, 예수가 보낸 유랑하는 선교사들과 그들을 가정에 받아들인 집 있는 사람 사이의 상호교류입니다. 저는 농민 운동으로서의 예수의 프로그램은 정확히 적빈자와 가난한 자, 자신의 땅을 잃어버린 사람과 아직 땅을 갖고 그에 의존하여 그럭저럭 생존해 온 사람 사이의 엄연한 경계선을 겨냥했다고 생각합니다. 빚 담보로 인한 권리의 상실, 토지의 상실, 그리고 가난을 가져온 배경에는 물론 1세기 초 **로마의 평화**라는 벼락 경제가 있었습니다. 이것은 새로 성벽을 쌓고 각각 약 25,000명의 거주자를 갖고 있던 두 개의 도시들로 구성된 남부 갈릴리에서 두드러졌습니다. 그 중 하나는 파괴 이후에 다시 건축되었고(세포리스), 다른 하나(티베리아스)는 완전히 새로 건축되었는데, 이 둘은 예수 생애의 처음 20년 동안, 20년의 간격과 20마일의 거리를 두고 세워졌지요. 이들 도시들이 그 주변 지역에서 농민들의 삶과 토지에 어떤 영향을 미쳤는지를 상상해 보십시오. 유랑자들과 집 있는 사람들은 그 엄격한 차이의 어느 편에서 보든지 건너 뛸 수 없는 거리를 갖고 있었습니다(오늘날 미국에서 집 있는 사람과 노숙자가 그렇듯이 말입니다).

예수의 프로그램은 이들 두 개의 계층, 즉 부자와 가난한 자가 아니라, 적빈자와 가난한 자라는 두 개의 계층을 상호교류하게 함으로써, 소작농의 삶을 밑바닥으로부터 보다 나은 삶으로 다시 세우고자 했습니다. 하느님의 나라는 이러한 상호 교류 속에서 출현합니다. 왜냐하면 하느님의 나라는 유랑자들과만 함께 하는 것이 아니라, 유랑자와 집 있는 사람 사이의 관계 속에 현존하기 때문입니다. 한 쪽의 그룹, 즉 유랑자들은 시기와 질투를 뛰어넘어야 합니다. 또 한 쪽의 그룹, 즉 집 있는 사람들은 두려움과 공포를 뛰어넘어야 합니다. 한 쪽은 먹거리가 필요하고, 다른 한 쪽은 치유가 필요합니다. 어떤 점에서 먹는 일과 치유하는 일은 하나가 됩니다.

그러면 우리는 어떻게 되는 것입니까? 참된 기독교인이 되기 위해, 우리도 또한 반문화운동, 즉 유랑자의 삶의 방식을 수용해야 되는 것입니까? 이것은 실천가능성이 거의 희박한 듯 보입니다.

좋은 질문입니다. 유랑자들과 집 있는 사람들 사이의 구분으로 다시 돌아가 생각해 봅시다. 유랑하는 선교사들이 마을에 들어가 보다 안정적인 삶을 살던 집 있는 사람들로부터 호의를 받게 될 때, 이들은 집 있는 사람들이 모든 것을 포기하고 길로 나가기를 요구한 것은 아니었습니다. 결국 유랑자들의 메시지는 "하느님의 나라가 너희에게 왔다"는 것입니다. 집 있는 사람들 역시도 자기들이 선 바로 그 곳에서 하느님의 나라를 밥상과 치유의 나눔으로 경험했던 것입니다.

아주 일찍부터 유랑자들과 집 있는 사람들 사이에는 어떤 긴장이 있었음을 감지할 수 있습니다. 디다케(*Didache*, 이 말의 의미는 "가르침"입니다)로 불리는 1세기의 문서는 집 있는 사람들의 관점을 표현하고 있습니다. 예를 들면 이들은 다음과 같은 주의를 받습니다: "예언자들을 (즉 유랑자들을) 판단하지도 말고, 그들을 모방하려고 하지도 말라." 자신의 삶의 자리에서 하느님 나라의 비전을 삶으로써 실천하는 것은 마땅합니다. 이어서 이들은 또한 다음과 같이 주의를 받습니다. "만약 주님의 모든 멍에를 질 수 있다면, 당신은 완전해질 것이다. 그러나 그렇게 할 수 없다면, 당신이 할 수 있는 것을 행하라."

"당신이 할 수 있는 것을 행하라."(Do what you can.) 제 생각에 이것은 당신의 질문에 대한 대답의 중요한 한 부분입니다. 기독교인이 된다고 하는 것은 예수의 철저한 메시지/삶의 양식과 우리 대부분의 일상생활의 요구들 사이에서 긴장을 갖고 사는 것입니다. 예수를 만난다는 것은 마이클 조던의 농구경기를 보는 것과 어느 정도 비슷합니다. 당신은 아마도 조던이 될 수는 없겠지만, 당신은 그 사람 안에서 인간 육체와 관련한 놀라운 가능성을 보게 되지요. 그리고 아마도 당신 자신을 이전보다 더욱 존중하는 마음으로 대하기 시작할 것입니다. 마찬가지로, 우리는 예수 안에서 인간의 삶과 관련한 새로운 가능성을 보게 되지요. 우리가 그를 진지하게 받아들인다면, 우리는 (안정적인 집 있는 사람들처럼) 우리의 일상생활의 요구와 (길을 떠도는 유랑자들처럼) 반문화적 삶의 철저한 도전 사이에서 창조적 긴장을 갖고 살게 됩니다. 저는 워싱턴에서 세계의 굶주림이라는 커다란 문제를 놓고 씨름하는 행동가도 생각해 보게 됩니다. 어떤 사람이 그에게 당신은 어떻게 타올을 던지고 항복하지 않고 계속 그 일을 할 수 있느냐고 물었습니다. 그가 대답했습니다. "당신은 두 가지를 가지고 있어야 합니다. 하나는 비전이고,

다른 하나는 작은 승리들을 축하할 줄 아는 태도입니다." 이것은 이상적인 실재와 현실적인 실재 사이의 긴장을 표현하는 괜찮은 방식이지요. 디다케의 대상이 되었던 사람들처럼, 아침 여덟 시부터 저녁 다섯 시까지 일하러 가야 하는 우리는 더러운 수건을 바꾸고, 치열교정의사에게 의료비를 지불하면서, 다음과 같은 메시지를 들을 필요가 있습니다. "당신이 할 수 있는 것을 행하라."

예수의 선교운동이란 주제를 끝마치기 전에, 선교사들을 보내는 구절에 다시 한번 주의를 기울이시기 바랍니다. 당신이 주목했었겠습니다만, 누가는 이렇게 말합니다. "너희는 한 집에 머물러 있으면서, 거기에서 주는 것을 먹고 마셔라. 일꾼이 자기 삯을 받는 것은 마땅하다." 마태복음에는 이렇게 되어 있습니다. "일꾼이 자기 먹을 것을 받는 것은 마땅하다."(마태복음 10:10) 저는 먹을 것(food)과 삯(wage)의 이러한 차이에는 중요한 문제가 걸려 있다고 생각합니다.

여기에서 문제가 되는 것은 개방된 밥상의 맥락 속에 있는 먹을 것으로부터 수고에 대한 지불방식으로서의 먹을 것(food as payment)으로의 이동입니다. 이것은 예수 운동이 점점 제도화되어 가면서 나타난 발전인 것 같습니다. 그리고 아마도 그러한 변화는 불가피할 것입니다. 그러나 만약 선교가 보다 효과적으로 되어가고 있고, 보다 잘 조직되어가고 있고, 또 지방의 현실보다는 도시의 현실에 보다 잘 적응되어가고 있었다면, 그것은 또한 지금까지와는 다른 선교가 되어가고 있었던 것입니다. 제가 주장하고 싶은 것은, 개방된 밥상은 예수에게 있어서 단순히 선교를 지원하기 위한 하나의 전략이나, 보냄받은 사람들의 수고에 대한 하나의 지불방식이 아니었다는 것입니다. 개방된 밥상은 오히려 민중적 차원에서 농민 공동체를 세우기 위한 전략이었습니다. 이러한 이유 때문에 음식을 나누는 것(food shared)으로부터 마땅한 삯을 지불하는 것(wages due)으로의 이동은 예수 운동의 발전과정에 있어서 중요한 전환점이었습니다. 이것은 새로운 공동체로부터 제도에로의, 운동으로부터 교회에로의 진일보한 단계였습니다.

7장

누가, 왜 예수를 처형했는가?

저는 당신의 탁월하고도 정말 읽어볼 만한 연구물과 역사적 예수에 관한 책들에 대해 깊은 감사를 표하고자 이 글을 씁니다. 그 책들은 흥미진진하고, 도전적이고, 계시적인 것이었습니다. 저는 이 연구들 덕분에 스코틀랜드 교회의 목회자로서 "성장"했습니다.

스코틀랜드로부터 한 남성이

학문성과 정직성을 겸비하려는 당신의 노력은 정말로 감탄할 만하다는 점을 다른 사람들도 당신에게 말해주었으면 싶습니다. 당신의 저술과 용기에 깊이 감사를 드립니다. 비판적인 목소리들이 당신의 작업을 방해하지 않기를 바랍니다. 저는 『예수: 하나의 혁명적인 전기』를 다 읽을 때까지 책을 내려놓을 수가 없었습니다. (역사가로서의 입장과 신앙인으로서의 입장 사이의) 도덕적 갈등을 견디어 내고, 이를 하나로 일치시킬 수 있는 사람은 별로 없을 것입니다. 그러나 그럴 수 있는 사람들을 위해, 계속 밀고 나가십시오. 성공회의 사제로서 저는 사유(思惟)하지 않는 세계 속에서 오랜 동안 고독감을 느껴왔습니다. 그러나 지금은 고독하게 느끼지 않습니다. 대단히 감사합니다.

일리노이로부터 한 남성이

저는 갈멜 수도회에 나가서 기도하기를 좋아합니다만, 예수가 하느님의 유일한 아들이라는 점을 제가 믿지 않는다는 것을 사람들이 안다면, 그들은 저를 어떻게 생각할까요? (예수가 하느님의 유일한 아들이라면 저는 누굽니까? 화성인들로부터 입양된 것입니까?) 그리고 저는 하느님이 특정 사람을 지목하여 저나 혹은 어느 누구를 위해 정말로 잔인한 폭력적인 죽음을 죽게 함으로써 죄를 용서해 주실 것이라고는 믿지 않습니다.

일리노이로부터 한 여성이

당신의 책 『역사적 예수: 지중해 연안의 한 유대인 농부의 생애』가 … 저를 회의 속에 내던졌다는 … 사실을 당신이 알기를 바랍니다. 성공회 사제의 길로 잘 가고 있던 저는 "고등 비평"과 기독론의 문제 제기로 말미암아 성공회의 성만찬이나 기타 전례적인 신조들과 신앙의 다른 표현들 사이에 어떻게 균형을 유지하느냐 하는 문제에 대한 합리적인 해결점을 모색하느라 수없이 많은 밤을 뜬눈으로 지새웠습니다. 오늘 저는 당신의 『네 개의 다른 복음서들』(Four Other Gospels)을 다 읽었습니다. 저는 어디에서 신앙과 이성, 역사성과 교회론 사이의 연속성을 찾고 또 그 접합점을 이해할 수 있는 길을 발견해야 하는 것입니까?

죠지아로부터 한 남성이

하느님은 모든 죄를 위해 그 분(예수 -역자주)을 희생물로 보내셔서--단 한번에--죄인이 용서받기 위해 일 년에 한번씩 동물의 피를 바칠 필요가 없도록 하셨습니다--또한 그가 세상에 오심으로 말미암아, 모든 사람이 아담과 하와가 인류에게 가져온 죽음으로부터 구원받을 수 있게 하셨습니다.

북 캐롤라이나로부터 한 여성이

몇 달 전 저는 한 루터교회의 성서연구반에서 강의할 수 있는 기회가 있었습니다. … 저는 참석자들에게 "예수는 왜 죽임을 당했습니까?" 하고 물었습니다. 긴 침묵의 시간이 흐른 후, 참석자 중 한 사람이 "우리를 구원하기 위해서입니다." 하고 말했습니다. 저는 이 말에 이렇게 응답했습니다. "아닙니다. 그것은 참된 이유가 아니었습니다. 그가 죽임을 당한 것은 그가 문제를 일으킨 자였고, 소란을 일으킨 자였기 때문입니다. 그는 기존 성직자와 정부 지도자들의 권위와 수입(收入)을 위협하고 있었습니다."

펜실베니아로부터 한 여성이

당신은 예수가 철저한 평등주의를 가르쳤고, 유랑생활을 요구했다고 말했습니다. 그러나 사회적 평등과 정치적 평등에 관해서는 예수가 그렇게 가르치지 않았습니다. 요한복음 17장에서 예수는, 그의 나라는 이 세상에 속하지 않는다고 분명하게 언급했습니다. 그는 왕권을 거부했습니다. 이것이 로마 사람들이 유대인을 미워한 한 가지 이유입니다. 유대인들은 예수가 이 세상을 예루살렘으로부터 통치할 것이라고 주장했습니다. 그 주장은 오늘날 보다시피 거짓으로 판명되었습니다. 그 나라는 하늘에 속한 것이고, 지금 통치하고 있습니다!! 이제 곧 당신의 종교와, 한 사람을 제외한 모든 사람들이 멸망하게 될 것입니다.

캐나다로부터 한 남성이

예수 세미나의 회원들은 신약성서 "껍질 벗기기"의 심각성을 인식해야 한다고 생각합니다. 성서는, 신약성서나 구약성서나 똑같이, 모든 것이 완전하게 들어맞도록 놀라운 방식으로 계획되어 있습니다. 하느님은 성서의 매 절마다 특별한 목적을 갖고 계시기 때문에, 모든 절은 현재 있는 그대로 남아있어야 한다고 생각합니다. 저는 이 편지를 누구를 힐난하거나 감정을 상하게 할 목적으로 쓰고 있는 것이 아닙니다. 단지 예수 그리스도는 사람들이 하느님에게 다시 가까이 다가갈 수 있도록 하기 위해 십자가에서 죽으셨다는 것을 당신에게 말하기 위해 쓰고 있는 것입니다. 임마누엘(Immanuel)은 "하느님이 우리와 함께 계시다"는 뜻입니다. 역사적 사실과 역사 전문가가 무엇이라고 말하든, 저는 이것이 진리라는 것을 압니다. 왜냐하면 그는 나의 구원자요 가장 절친한 친구로서 바로 지금 우리와 함께 하시기 때문입니다.

미시간으로부터 한 여성이

십자가 처형은 무엇이며, 왜 사람들은 고대 세계에서 십자가에 처형되었습니까?

예수가 "빌라도 치하에서 십자가에 처형되었다"는 것은, 사도신경이 말하고 있듯이, 아주 분명한 역사적 사실입니다. 유대 역사가 요세푸스와 로마 역사가 타키투스는 모두, 예수가 로마의 유대 총독의 명령에 의해 처형되었다는 점에 동의합니다. 그리고 이것이 실제로 발생한 사건이 아닌데, 예수의 첫 추종자들이 이러한 이야기를 창안해 내었으리라고 상상하는 것은 거의 불가능합니다. 예수가 십자가에 처형되어 죽임을 당했다는 단순한 **사실**(fact)은 역사적으로 확실합니다. 그러나 우리가 가지고 있는 현재의 복음서 안에 나오는 자세한 **이야기들**(narratives)은 이와 비교하여 논란의 여지가 있습니다. 그것들은 역사적으로 훨씬 확실성이 결여되어 있습니다. 또 한 가지 예비적으로 고찰할 점은 이것입니다. 섬쩟한 경험 없이 십자가 처형 장면을 쳐다본다는 것은, 예수를 믿는 사람들에게 있어서나 단순히 예수에 대한 인간적 신뢰를 가지고 있는 사람들에게 있어서나, 거의 불가능하다는 점입니다. 십자가 처형은 국가 사범을 다스리는 하나의 잔인한 처벌 방법입니다.

저는 고대 세계에서 실시된 십자가 처형을 묘사하는 것으로 이야기를 시작하고자 합니다. 현대의 한 학자는 그 증거를 다음과 같이 요약했습니다(마르틴 헹엘, 『십자가 처형』, 현대신서 122. 서울: 대한기독교서회, 1982. 110-113.). 저는 이것을 여기에 인용함으로써 여러분들이 십자가 처형의 자세한 실상을 담은 이 책 전체를 읽을 수 있게 되기를 바랍니다.

> 형벌로서의 십자가 처형은 고대에 널리 일반화되어 있었다. 이것은 고대 세계의 여러 민족들 사이에서, 심지어는 그리스인들 사이에서도, 다양한 형태로 나타난다. … (그것은) 정치적, 군사적 처벌이었고, 그러한 처벌로 남아있었다. 페르시아인과 카르타고인들 사이에서는 주로, 반역자들에게 했듯이, 고급 장교들과 지휘관들에게 시행되었고, 로마인들 사이에서는 주로 하류 계층들, 즉 반란 지역의--유대 지역은 차치하고라도--노예들, 폭력범들, 그리고 불법 세력들에게 내려졌다. 이것이 사용된 중요한 이유는 기를 꺾어 놓는 데 있어 최고의 효과를 볼 수 있었기 때문이었다; 이것은 물론 공개적으로 시행되었다. … 통상 이것은 최소한 채찍질을 포함하는 다른 형태의 고문과 함께 병행되었다. … 눈에 잘 띄는 곳--십자로, 극장, 높은 지역, 죄를 지은 현장--에서 벌거벗겨진 수형자가 공개적으로 드러나게 함으로써, 십자가 처형은 그에게 최대의

모욕을 안겨다 주었다. … 십자가 처형은 종종 그 수형자를 매장하지 않은 채 버려 둠으로써 더욱 치욕스러운 것이 되게 했다. 십자가에 처형된 수형자를 맹수나 육식 조류의 먹이가 되게 하는 것은 늘 정해진 수순이었다. 이러한 방식으로 수형자는 철저히 모욕당했다. 고대 세계에서 한 인간의 주검이 매장되지 못했다는 것이 의미하는 바나 그에 따른 불명예는 현대인으로서는 거의 납득하기 쉽지 않을 것이다.

십자가 처형의 경우 매장이 허용되지 않았다는 구절들에 주목하시기 바랍니다. 매장을 허용하지 않았다는 것은 처형된 그 사람을 철저히 멸절시키려는 것이었습니다.

저는 얼마 전 1세기에 십자가에 처형된 유골들을 발견했다는 말을 들었습니다. 이것은 맞는 말입니까?

1968년 6월 이스라엘에서 지금까지 발굴된 것으로는 유일하게 십자가에 처형된 사람의 유골이 예루살렘에서 1세기의 것으로 추정되는 무덤에서 발견되었습니다. 그런데 이것은 1세기 생활의 잔혹함을 암시해 주는 35구의 유해들 사이에서 발견되었습니다. 35구의 주검들 중 10구의 주검은 비극적으로 죽었습니다. 한 여인과 그 유아는 해산하다가 함께 죽었습니다. 세 어린아이는 굶어 죽었습니다. 다섯 명은 폭력적인 죽임을 당했습니다. 둘은 불에 타서 죽고, 하나는 철퇴같은 무기에 맞아 죽고, 한 어린아이는 화살에 맞아 죽고, 20대의 남자는 십자가형으로 죽었습니다. 십자가에 달려죽은 사람의 이름은 예호하난(Yehochanan)이었습니다. 그의 팔에 못이 박히지는 않았으나, 십자가의 가로지른 나무에 묶여 있었고, 아마도 팔꿈치가 십자가의 위쪽에 혹은 뒤쪽에 매달려 있었던 것 같습니다. 그의 다리는 세로 지른 기둥의 한 쪽에 놓여있었고, 못을 박아 나무의 한 쪽에 그의 발뒤꿈치 뼈를 고정시켜 놓았습니다. 십자가형에서 종종 행해졌듯이, 그의 다리를 부러뜨려 혼절하게 함으로써 보다 빨리 죽게 한 흔적은 없었습니다.

우리가 살펴본 대로, 십자가 처형은 고대 세계에서 널리 사용되었으며, 특별히 로마에서는 이스라엘의 남쪽 유대와 같이 반역이 잦은 지역의 불순분자들에게 행해졌습니다. 예를 들어 시리아의 총독 바루스(Varus)는 헤롯대왕이 죽은 후 예수의 출생시기 어간에 세 번의 중요한 메시아적 봉기를 포함한 이스라엘의 폭동을 잠재우기 위해 외인부대와 더불어 3개의 군단을 필요로 했다는 것을 우리는 알고 있습니다. 요세푸스에 따르면, 바루스는 예루살렘에 도착하여, 2,000명의 반역자들을 십자가에 처형했다고 합니다. 요세푸스는 또한 A.D. 66년, 즉 로마-유대간 1차 전쟁이 시작할 무렵 로마 총독 플로루스(Florus)가 약 3,600명의 유대인 어린이, 여자, 남자들을 채찍질하여 단 하루만에 십자가에 처형했다고 전하고 있습니다. 제가 당시에 널리 행해졌던 잔혹한 십자가 처형의 사례들을 열거하는 이유는 여러분도 예상했을 한 가지 물음 때문입니다. 즉 "1세기 경 예루살렘 주변에서는 수천 명의 사람들이 십자가에 처형되었는데, 왜 오직 하나의 유골만이 발견되었는가?" 하는 물음입니다.

그 이유는 명백하며, 생각하는 것조차 소름끼칩니다. 로마에는 세 가지 가장 지독한 극형이 있었는데, 십자가형과 화형, 그리고 맹수에 의한 처형이 그것이었지요. 이 형벌들이 극형이 되었던 것은 단순히 비인간적인 잔인성이나 공개적인 모욕 때문만이 아니라, 처형되고 난 후 매장할 시신이 아무 것도 남지 않는다는 사실 때문이었습니다. 불 속에 던져지고 맹수에게 던져짐으로 육체적으로 아무 것도 남지 않는다는 것은 누구나 아는 사실이지만, 십자가 처형과 관련하여 우리가 종종 잊고 있었던 것은 십자가 위에서 까악까악 울어대면서 십자가 위의 시신을 탐하는 까마귀와, 죽었거나 죽어가고 있는 사람 밑에서 으르렁거리면서 시신을 기다리는 개들입니다. 십자가 처형을 다룬 그리스-로마의 저술가들은 십자가에 처형된 자들을 "육식조류를 위한 부정한 음식과 개들을 위한 재수 없는 먹거리"로 묘사했습니다. 이것이 1세기의 십자가 처형의 잔인한 실체였습니다.

십자가의 운명은 반역자들에게나 주어지도록 되어 있었고, 또한 예수는 로마의 통치에 대한 공개적인 저항을 피했는데, 예수는 도대체 세상에서 무슨 일을 행했기에 십자가 처형을 당하기에 이르른 것입니까?

이 물음은 어려운 질문으로서, 이것을 풀기 위해서는 다소 시간이 걸립니다.

우리는 예수가 유월절(Passover) 기간에 십자가에 처형되었다고 말하는 복음서 전승에서 시작하고자 합니다. 복음서 기자들은 그 정확한 시기에 대해서는 일치하지 않지만, 이들이 일반적으로 예수의 죽음과 유월절 절기를 연결시키고 있는 것은 역사적 사실로 받아들이지 못할 이유가 없다고 봅니다.

유월절이 어떠한 절기인지를 기억해보시기 바랍니다. 이것은 유대인들이 약속의 땅을 향해 나아가게 되었을 때, 이집트의 노예생활로부터 탈출하여 해방된 것을 축하하는 절기였습니다. 이러한 유월절은 분명 외국의 지배를 받고 있던 식민지 나라에서는 매우 위험한 성격의 축제였지요. 1세기 유대인들이 당시의 로마인들을 과거 자기들의 조상들을 지배했던 고대의 이집트인들과 동일시했으리라고 상상하는 것은 그리 어려운 일이 아닐 것입니다. 우리는 수많은 군중들이 예루살렘의 밀집된 지역에 함께 모였다는 것을 알고 있습니다. 요세푸스는 헤롯 대왕의 죽음 이후 초기의 유월절 축제에 관해 기록하면서, "무수히 많은 사람들이 지방으로부터, 심지어는 외국으로부터 와서 하느님께 예배를 드렸다."고 했습니다. 이 구절은 유월절에 운집한 군중들이 헤롯의 아들들 가운데 하나인 아켈라오스의 군대에 저항했던 사건과의 관계 속에서 나타나고 있는데, 이 때 아켈라오스는 저항하던 군중들을 공격하여 3,000명 가량이나 되는 예배자들을 성전 부근에서 살해했습니다. 이 사건은 유월절이라고 하는 것이 얼마나 위험스러운 상황을 연출할 수 있었는지를 보여주고 있지요. 즉 군중들은 현재의 억압 상황 한가운데에서 과거에 억압으로부터 해방되었던 사건을 축하하기 위해 모였습니다. 유월절 기간 동안 빌라도 총독은 가이사랴로부터 별도의 군대를 동원하여 안토니아 요새에 포진시키고 성전 내부를 감시했지요. 그는 어떠한 사태도 벌어지지 않도록 완전히 원천봉쇄했으며, 이러한 살얼음판 같은 상황이 바로 예수가 체포되고 처형된 역사적 상황입니다.

그러나 이것은 아직 저의 물음, 즉 예수가 무엇을 했길래 체포되고 십자가에 처형되었느냐는 물음에 대해서는 대답이 되지 않습니다.

예수가 체포되기 직전에 일어난 두 개의 분리된 사건들을 살펴봄으로써, 어느 것이 예수에게 일어난 사건을 가장 잘 설명해 줄 수 있을지를 생각해 보도록 하겠습니다.

첫째는, 오늘날 종려주일로 축하되고 있는 것으로서, 우리들이 통상 "예루살렘으로의 승리의 입성"이라 부르는 사건에 관한 이야기입니다.

> 제자들이 새끼 나귀를 예수께로 끌고 와서, 자기들의 겉옷을 그 등에 걸쳐 놓으니, 예수께서 그 위에 타셨다. 많은 사람이 자기들의 겉옷을 길에다 폈으며, 다른 사람들은 들에서 잎 많은 생나무 가지들을 꺾어다가 길에다 깔았다. 그리고 앞에 서서 가는 사람들과 뒤따르는 사람들이 외쳤다. "호산나!" "복되시다! 주의 이름으로 오시는 분!" "복되어라! 다가오는 우리 조상 다윗의 나라여!" "가장 높은 곳에서, 호산나!"(마가복음 11:7-10).

마가복음에서는 임시적으로, 그리고 마태복음과 요한복음에서는 명시적으로, 예수의 이 행동은 스가랴 9:9의 예언의 완성으로 읽혀졌습니다:

> 네 왕이 네게로 오신다.
> 그는 공의로우신 왕,
> 구원을 베푸시는 왕이시다.
> 그는 온순하셔서,
> 나귀 곧 나귀 새끼인

어린 나귀를 타고 오신다.

메시아적 희망을 품고 있는 이러한 상징적 행동은, 앞서 언급했던 것처럼, 유월절 기간 동안 경계를 강화했던 당국자들로부터 확실히 탄압을 자초했을 것입니다. 그러나 그것이 그토록 구체적으로 예언서의 구절들을 완성한 것이라는 사실은 그 역사적 타당성에 있어 의혹을 자아냅니다. 우리가 종종 살펴보았던 것처럼, 후대의 기독교 저자들은 나중에 회상하는 방식으로 예수의 활동을 해석해 줄 수 있는 히브리 성서 구절들을 따왔고, 때로는 그러한 구절들이 사건들을 창작할 수 있는 영감을 불러일으켰습니다. 그래서 저는 개인적으로 예루살렘으로의 입성이 실제로 일어났다고 하는 점에 대해서는 회의적입니다.

예수의 체포 동기를 설명해 줄 보다 설득력있는 근거는 성전 난동사건에 관한 이야기 속에서 발견됩니다. 우리는 여기에서 보다 확실한 역사적 기초를 얻게 됩니다. 사실상 우리는 이 사건에 대한 세 개의 독립적인 성서적 근거를 가지고 있지요.

여기에서는 성전 난동사건에 관한 마가복음의 본문을 살펴보겠습니다.

그리고 그들은 예루살렘에 들어갔다. 예수께서 성전에 들어가셔서, 성전 뜰 안에서 팔고 사고 하는 사람들을 내쫓으시면서 돈을 바꾸어 주는 사람들의 상과 비둘기를 파는 사람들의 의자를 둘러엎으시고, 성전을 가로질러 물건을 나르는 것을 금하셨다. 예수께서는 가르치시면서, 그들에게 말씀하셨다. "기록된 바, '내 집은 만민이 기도하는 집이라고 불릴 것이다'[=이사야 56:7] 하지 않았느냐? 그런데 너희는 그 곳을 '강도들의 소굴'로 만들어 버렸다 [=예레미야 7:11]"(마가복음 11:15-19).

저는 이 이야기를 다른 본문들과 (예를 들면, 요한복음과 도마복음서의 것과) 비교하여 보면서, 마가는 성전 안에서의 예수의 행동을 묘사하되, 자기 나름대로 (이사야와 예레미야 로부터) 성서적 근거를 찾아 이를 해석하여 덧붙였다는 결론을 얻었습니다. 도마복음서의 본문은 역사적 예수에게서 왔을 가능성이 더욱 큰 예수의 말을 포함하고 있습니다. 예수는 말합니다: "나는 [이] 집을 [파괴]할 것이며, 어느 누구도 그것을 다시 세울 수 없을 것이다." 말하자면, 예수는 상징적으로 성전을 파괴하고 있었다는 말입니다.

이 여행은 아마도 예수가 예루살렘에 간 유일한 여행이 었을 것입니다. 개방된 밥상과 무상의 치유에 대한 예수의 비전은, 종교와 정치의 배후세력으로서 교권을 형성하고 거간 역할을 하고 심지어는 억압구조를 만들어내는 근원이자 상징인 성전 안에서 그가 목도한 것과, 심한 충돌을 일으켰습니다. 성전은 유대교 법에 따른 정통성을 획득하지 못한 채, 로마인과 헤롯 왕가의 꼭두각시가 되어 마치, 종처럼 고용되기도 하고 해고되기도 했던 대제사장들의 손아귀에 들어가 있었지요. 성전파괴라는 예수의 상징적 행동은 그가 가르쳐왔던 것, 그가 치유를 통해 말하고자 했던 것, 그리고 그가 개방된 밥상의 실천 속에서 이루고자 했던 것을 강화시켰습니다. 이것은 베트남 전쟁 당시 군인을 모집하는 사무실에 들어가 입영자 명단들이 들어있는 서랍장 위에 피를 뿌리는 것과 같았고, 혹은 미사일 지역의 울타리를 넘어 들어가 대륙간 탄도탄의 탄두를 망치로 내리치는 것과 같았지요. 이것은 성전체제가 대표하는 모든 것에 대한 상징적인 부정이었습니다. 의심할 것도 없이 갈릴리에서의 예수의 행동들이 체포의 빌미가 되었을 것입니다. 그러나 특별히 유월절 기간 예루살렘 성전의 일촉즉발의 분위기 속에서, 빌라도의 군대가 가까이에서 지켜보는 가운데 이루어진 예수의 도전은 군대를 불러들여 자신을 체포하게 만들기에 충분했습니다.

저는 두 가지 점을 강조하고자 합니다. 예수는 성전을 "정화"(cleansing)하려고 하지 않았습니다. 그리고 그의 행동은 기독교 대 유대교의 어떤 대립이 아니었습니다. 성전은 로마 점령당국과의 협력체제를 이루는 자리였고, 그래야만 했습니다. 대제사장은, 그가 그것을 좋아하든 좋아하지 않든, 식민지화된 백성과 제국주의적 지배자들 사이에서 연결고리 역할을 해야만 했습니다. 그러한 상황에서는, 어떠한 유대인이라도, 심지어는, 혹은 특별히, 열렬한 에세네파나 준법정신이 강한 바리새파라도, 예수처럼 행동할 수 있었을 것입니다. 그것은 절망적으로 돌이킬 수 없이 때묻고 더럽혀진 성전에 대한 상징적인 파괴였지요. 예루살렘 성전은 기도하고 제물을 바치는 집인가, 아니면 야합과 억압의 자리인가? 대제사장은 합법적이었고, 정당한 절차를 밟았는가? 또한 그들의 불법성은 하느님의 집에 어떤 영향을 미쳤는가?

당신은 사도신경에 나오는 "본디오 빌라도에게 고난을 받으사"라는 구절을 지적하면서, 빌라도의 군인들이 들어와 예수를 체포했다고 말했습니다. 그러나 빌라도는 사실 그 전체적인 사건에서 손을 씻으려고 하지 않았습니까?

　신약성서의 설명에 따르면, 당신이 말한 것처럼, 빌라도는 아주 정의롭고 공정하여 예수를 무죄방면하려고 했으나, 유대교 당국자들과 예루살렘 군중들의 요구 때문에 어쩔 수 없이 마음내켜 하지 않으면서 예수를 십자가에 처형했다고 묘사되어 있지요. 그러나 다른 기록들을 통해 우리가 확인한 빌라도는 이러한 인자한 모습과는 전혀 다릅니다. 우리는 역사상의 실제 빌라도에 관해 상당 부분 알고 있습니다. 우리는 문학과 고고학 분야에서 빌라도에 관한 증거를 갖고 있습니다. 1961년 가이사랴에 있는 원형극장 안에서는 "유대 총독, 본디오 빌라도"라는 글씨가 새겨져 있는 티베리우스 황제에게 헌정된 비석이 발견되었습니다. 빌라도는 A.D. 26년부터 36년까지 10년 동안 유대를 다스렸는데, 이 기간은 로마의 2등급 행정가로서는 상당히 긴 기간이었습니다. 그리고 요세푸스는 빌라도의 통치에 관해 많은 이야기들을 우리에게 전해주고 있습니다.

　요세푸스는 그 한 예로, 빌라도가 겨울에 가이사랴로부터 예루살렘으로 그의 군대를 이동시켰을 때, 야음을 타서 황제의 초상화가 새겨진 군기를 예루살렘 성안으로 끌고 들어왔다고 전합니다. 유대인들은 각종 상(像)들을 만드는 것을 금지하고 있었기 때문에, 이 사건은 유대인들을 분노케 했지요. 격분한 예루살렘의 시민들은 가이사랴로 가서, 그 모욕적인 군기를 제거해줄 것을 요청했습니다. 그가 거절하자, 그들은 5일 밤낮을 그의 관저 주변에서 연좌데모를 벌였습니다. 빌라도는 데모 군중을 경기장에 몰아넣고 그들을 군인들로 둘러싼 후, 집으로 돌아가지 않으면 모두 죽이겠다고 협박했습니다. 그러나 그 곳에 모인 모든 군중들이 그들의 신앙을 변절하기보다는 칼 앞에 목을 내놓고 죽기를 각오하자, 빌라도는 로마가 대학살을 별로 환영하지 않을 것을 우려하여 물러서지 않을 수 없게 되었지요.

또 한 예로, 빌라도는 수로(水路)를 건설하기 위해 성전 금고에서 돈을 징발하려다가 소동을 불러일으켰습니다. 이 때의 빌라도는 보다 영악했습니다. 그는 시민으로 변장한 군인들을 분노한 군중 속으로 잠입시켜, 칼을 사용하지 말고 곤봉으로 소요자들을 진압하도록 명령했습니다. 군중을 통제하는 빌라도의 점잖은 방법에 대해서는 이 정도로 해두겠습니다.

또 다른 한 사건에서, 빌라도는 집단적인 저항가들이 아닌 묵시종말적인 예언자들을 다루지 않으면 안 되었던 때가 있었습니다. 한 무리의 사마리아인들이 거룩한 산 그리심에 모여, 하느님의 능력이 묵시종말적으로(초자연적인 방법으로) 나타나기를 기다리고 있었지요. 빌라도는 이 운동을 무력으로 진압했는데, 일부는 죽이고 일부는 해산시키고, 또 상당수의 지도자들과 갇힌 자들을 죽였습니다. 그의 방법들은 사실상 너무 잔인해서, 시리아의 총독 비텔리우스(Vitellius)는 빌라도를 로마로 보내 자신의 조치를 해명하도록 했습니다. 말하자면, 빌라도는 로마의 기준으로 보아서도 지나치게 잔인하고 불필요할 정도로 야수적이었다는 것이 판명되었던 것이지요. 그러므로 빌라도가 그 비극적인 사건에 있어서 스스로 결단하지 않고, 마지못해 하는 순진무구한 방관자였다는 신약성서의 기술은 역사적으로 정확한 것으로 받아들일 수가 없습니다.

그렇지만 빌라도는 예수를 방면하려고 했고, 예수 대신에 바라바의 방면을 요구했던 것은 유대인들이 아니었습니까?

저는 이 이야기를 절대적으로 비역사적인 것으로 간주합니다. 첫째로, 외쳐대는 군중에 빌라도가 동조하듯 묵인하는 모습은, 앞서 언급한 유대인 역사가 요세푸스와 빌라도를 사악한 총독의 전형으로 제시했던 동시대 유대인 철학자 필로(Philo of Alexandria)를 통해 우리가 알고 있는 빌라도와는 정반대입니다. 군중을 잔인하게 진압하는 것은 그의 특기였습니다. 둘째로, 유월절에 군중이 요구하는 죄수를 방면한다는 공개적인 특별사면 제도에 대해 우리는 아무 증거도 갖고 있지 않습니다. 바라바 사건은 실제로 발생하지 않았습니다. 하지만 마가가 왜 이러한 이야기를 창작해 내었는지는 우리가 쉽게 이해할 수 있다고 생각합니다.

우리는 이스라엘 안의 다양한 저항가들, 즉 집단적인 저항가들, 묵시종말적 예언자들, 메시아적 주창자들 등에 대해 이야기한 적이 있습니다. 그런데 1세기 이스라엘 안에는 또 다른 집단의 농민 저항가들이 있었습니다. **의적들**(rebel bandits, 보통 강도떼라고 번역함 - 역자주)이 그들입니다. 이들은 누구였는가? 이들은 타의로 자신들의 농토에서 쫓겨나 길에 나가 구걸하기보다는 산으로 들어가서 의적단이 된 농민들이었습니다. 이들은 일반적인 강도떼가 아니라, **의적들**(social bandits)이었고, 다른 농민들은 당연히 이들을 자유투사로 간주했을 것입니다. 만약 당신이 의적과 만나게 된다면, 당신은 억압받던 하류계층들이 최소한의 생존조차도 할 수 없는 지경에 이르러, 아무리 비효과적이고 혹은 가망없는 것이라 하더라도, 무장투쟁을 할 수밖에 없게 되었다는 점을 이해할 수 있을 것입니다.

그리스어에는 이러한 의적에 해당하는 정확한 단어가 있는데, 그것은 바로 마가의 이야기에서 바라바를 지칭한 말(마가복음 15:7. 표준새번역에는 "폭도"라고 번역됨 - 역자주)입니다. 그는 반역자이고, 모반자이며, 자유투사입니다. 마가는 예루살렘과 그 성전이 완전히 파괴된 A.D. 70년, 로마와의 1차 유대전쟁 직후에 마가복음을 썼지요. 이 이야기에서 그는 그 해의 재난에 대한 자신의 해석을 상징적으로 표현했습니다. 로마와의 무모한 투쟁을 벌인 사람들 가운데는 열심당(Zealots)이 있었는데, 이들은 반로마 운동가들과 농민 반역자들의 느슨한 결합체였습니다. 마가가 이 이야기에서 말하고자 하는 것은 이것입니다. 즉 "예수 대신에 바라바를 선택하고, 비무장한 구원자 대신에 무장한 반역자를 선택한 것은 예루살렘의 선택이었다."는 것입니다. 바라바 이야기는 마가가 본 예루살렘의 운명에 대한 상징적 각색이었습니다. 이것은 예수의 재판에 대해서는 아무 것도 우리에게 말해주지 않고, (그보다 훨씬 후에 일어난) 예루살렘의 멸망에 대한 마가의 신학적인 견해에 대해서는 많은 것을 말해주고 있습니다.

그러나 우리는 예수의 마지막 주간에 관한 매우 상세한 역사적 기록을 갖고 있지 않습니까? 아무튼 우리는 예수의 재판과정과 십자가 처형 사건에 대한 거의 시간 단위의 설명을 갖고 있습니다.

이 장의 서두에 언급했던 것처럼, 십자가 처형 주변의 사건들을 다룰 때 문제점은, 십자가 처형의 사실(fact)은 역사적으로 확실하지만, 그와 관련한 이야기들(narratives)은 그 사실성에 문제가 있다는 점입니다. 그 이유는 명백합니다. 당신은 마태복음과 누가복음에 나오는 예수의 유아 시절 이야기들이 어떻게 구약성서로부터 그 근거를 찾아 창작되었는지를 기억하실 것입니다. 비슷한 방법으로 초기 기독교인들의 상상력은 예수의 십자가 처형의 사실을 취하여, 그의 운명의 불가피한 이유뿐만 아니라 그 처형과정을 설명해 줄 구체적인 이야기들을 제공하기 위해 구약성서에서 그 근거를 찾아 옷을 입혔던 것입니다.

당신은 복음서 저자들을 신뢰할 수 없다고, 그들은 자기들이 원하는 대로 이야기들을 지어냈다고 말하고 있는 것입니까?

그들이 현대적인 의미에서 소설을 쓰고 있었다는 뜻이 아닙니다. 그들은 1세기 유대교에 일반적이었던 종교적 성찰 방식에 영향을 받고 있었습니다. 예를 들어, 우리는 사해 두루마리에 대해 들은 적이 있을 것입니다. 1947년에 발견된 이 두루마리는, 쿰란에 중심지를 두었다가 로마와의 1차 전쟁시에 파괴된 1세기 유대교의 한 소종파의 공동체 생활에 대해 전해주고 있습니다. 이들은 예루살렘 성전을 떠나 광야 지대로 칩거한 제사장이 이끄는 공동체로 시작하였으며, 예루살렘 성전은 잘못된 지도력에 의해 오염되었다고 믿고 있었습니다. 오랫동안 잃어버렸던 그들의 서고로부터 우리는 그들의 공동체와 성서해석방법에 관해--이것이 지금 제가 쿰란 공동체를 언급하고자 하는 요점입니다--많은 것을 알게 되었습니다.

쿰란의 기록자들이 히브리 성서를 그들의 현 상황에 적용했을 때, 그들은 당시의 해석을 가지고 고대의 본문들을 짜깁기했기 때문에, 어디에서 성서 본문이 끝나고 어디에서 해석 부분이 시작되었는지를 말한다는 것은 아주 힘듭니다. 그들의 해석작업을 쫓아가는 것만으로도 머리가 어지러울 지경이지요. 그러므로 저는 지나치게 상세한 부분에까지는 들어가지 않고, 단지 히브리 본문과 쿰란의 역사가 서로 얽혀들어가기 시작하여 서로간에 영향을 주고받았다는 것만을 여러분이 이해하시기를 바랍니다. 제가 말하고 싶은 것은, 이러한 비슷한 과정이 예수를 따르던 사람들 사이에서도 일어났다고 하는 점입니다.

두 가지 예를 들어보겠습니다. 예수의 옷을 놓고 군인들이 제비뽑기를 하였다는 이야기(마가복음 15:24)는 기독교인들이 종종 예수의 죽음을 해석하기 위해 사용한 시편으로부터 발전된 것입니다:

    나의 겉옷을 원수들이 나누어 가지고,
    나의 속옷도 제비를 뽑아서 나누어 가집니다(시편 22:18).

그리고 고통받고 있던 예수에게 쓸개 혹은 독을 탄 식초 혹은 신 포도주를 마시게 했다는 이야기(마태복음 27:34, 다른 복음서에도 약간씩 다른 병행구들이 있다)는 시편의 또 다른 본문에서 왔습니다:

    그들은 나에게 독약을 주고
    목이 말라 마실 것을 달라고하면

나에게 식초를 내주었습니다(시편 69:21).

비슷한 방식으로 십자가 처형과 관련한 다른 구체적인 이야기들, 예를 들어, 예수에게 침 뱉고 모욕한 것, 가시관, 예수와 함께 십자가에 처형된 두 명의 강도들, 정오의 암흑 등도 모두 구약성서 본문들에 근거하여 창작되었습니다.

전통적으로 기독교인들은 이렇게 말해왔습니다: "그리스도의 수난이 어떻게 예언자들에 의해 예언되었는지를 보라." 그러나 실제로는 그 반대였습니다. 히브리 예언자들은 예수의 마지막 주간의 사건들에 대해 예언하지 않았습니다. 오히려 기독교에서 전하는 이야기들 중 많은 것들은 고대의 예언에 맞추어 창작되었고, 그럼으로써 예수는, 그의 처형에도 불구하고, 아직도 그리고 항상 하느님의 섭리 가운데 있다는 것을 보여주려 했습니다.

제가 말하고자 하는 것은 이것입니다. 즉 예수를 처음 따르던 사람들은 예수의 십자가 처형, 죽음, 혹은 매장과 관련한 자세한 사항들을 거의 아무 것도 알고 있지 못했습니다. 우리가 예수의 최후의 날들과 시간들에 대해 자세한 설명들을 갖고 있는 것은, **구약성서 본문들이 1세기 사건들로 탈바꿈되었기 때문입니다**. 말하자면, 히브리 성서는 예수에게 일어날 사건들에 대해 미리 **예언**한 것이 아니라, 예수에게 이미 일어난 것과 관련하여 일련의 이야기들을 **창작**하기 위해 나중에 사용되었던 것이지요. 즉 구약성서는 예수의 죽음이 발생한 후에 **거꾸로** 조회되었던 것입니다. 다른 말로 하면, 예언은 사실 이전에 알려진 것이 아니라, 사실 이후에 알려진 것입니다.

저는 최근 디트로이트 자유신문(Detroit Free Press)에서 당신에 관한 기사를 읽었습니다. 그 헤드라인은 이렇게 되어 있었습니다. "한 논쟁적인 학자는 성서의 주요 장면들이 창작이며, 이것이 유대인의 박해를 가져왔다고 한다." 이에 대한 당신의 생각을 말씀해 주십시오.

저의 생각을 밝힐 수 있는 아주 적절한 기회라고 생각합니다. 복음서들은 정확한 역사나 혹은 사실 그대로를 전하는 전기이기를 주장하는 것이 아니라, 복음, 즉 기쁜 새 소식이기를 주장합니다. 복음은 두 가지를 내포해야 합니다: 기쁜 (good) 것, 그리고 새로운 소식(news) 입니다. "기쁜"이라는 말은 그것이 일정한 사람의 관점이라는 것, 즉 로마 당국자들이 아니라 예수를 따르는 기독교인들의 관점이라는 것을 강조합니다. "새로운 소식"이라는 말은 복음이 최신의 것임(updating)을 강조합니다. 각 복음서는 예수의 이야기를 전해야 했을 뿐만 아니라, 그것을 그 자신의 시간과 공간, 상황과 청중을 위해 최신의 소식을 새롭게 전해야 했습니다. 아마도 우리는 이런 방식을 좋아하지 않을지도 모르고, 그래서 저널리즘을 더 좋아할지도 모릅니다. 그러나 우리가 그것을 좋아하든 안 하든, 복음서는 최신의 것을 전합니다. 그것이 우리가 하나의 예수에 대해 여러 개의 복음서들을 갖게 된 이유입니다. 복음서들은 예수의 가르침들과 사건들, 논쟁들과 대화들을 받아들이고 적용하고 창작하는 과정을 통해 예수의 가르침들과 행동들을 최신의 것으로 새롭게 만들었지요. 여기까지는 별 문제가 없습니다. 그러나 복음서들은 또한 예수의 적들에 관한 이야기들도 최신의 것으로 새롭게 하며, 여기에서 문제가 발생하기 시작한 것이지요.

마치 초기의 기독교인들이 의자에 둘러앉아서, "이제부터 우리의 적들에 관한 거짓 기사를 만들어보자."하고 말했던 것은 아닙니다. 기독교인들은 원래 1세기의 다른 유대교 공동체들 중의 한 유대인 공동체였습니다. 우리들은 "바리새파"·"사두개파"·"엣세네파"·"열심당" 혹은 당시 유대교 내의 다른 공동체들의 이름을 들을 때처럼, "기독교인들"이라는 이름을 함께 들어야 하지요. 이들 공동체들은 모두 힘과 지배력을 키우기 위해, 혹은 그들 민족의 지지를 받고 그들의 운명을 책임지고 그들에 대한 지도력을 키우기 위해 노력하고 있었을지 모릅니다. 그러나 이 모든 것은 유대교 자체 안에서 이루어졌으며, 유대교에 대립하여 이루어진 것은 아니었지요. 어떤 이름으로 불려지고, 어떤 비판이 이들에게 향해졌든, 이 단계에서 반유대주의(anti-Judaism), 혹은 반셈족주의(anti-Semitism)를 말한다는 것은 거의 불가능할 것입니다.

그러나, 특별히 로마와의 1차 유대전쟁 이후, 유대교 내부의 하나의 세력으로서의 기독교인들은 점점 주변으로 밀려나고 있었으며, 그들 민족에 대한 지도력을 점점 잃어가고 있었습니다. 미래는 기독교적 유대교(Christian Judaism)가 아니라 랍비적 유대교(Rabbinic Judaism)의 손에 넘어가게 될 판국이었습니다.

70년대의 마가복음에 묘사된 것처럼, 십자가 처형사건에 있어서 예수의 적들은 예루살렘으로부터 온 "군중들"이었습니다. 80년대의 마태복음에 있어서는, 그 군중이 "모든 백성"으로 확대되었습니다. 그리고 90년대의 요한복음에 있어서는, 그 군중이 아주 단순하게 "유대인들"로 되었습니다. 그러나 요한조차도 그 유대인들을 비유대인들과 구분시키는 의미에서 모든 유대인들을 가리켰을 것이라고는 생각지 않습니다. 그는 우리 좋은 유대인들을 제외한 모든 다른 나쁜 유대인들을 가리켰을 것입니다! 그것은 일부 미국인들이, "미국인들은 너무 폭력적이다."라고 말함으로써, 그들 자신이 미국인이라는 것을 부정하고 있는 것이 아니라, 우리 좋은 미국인들을 제외한 모든 나쁜 미국인들이 그렇다는 것을 의미하는 것과 같습니다.

이러한 과정은 기독교가 보복할 수 있는 힘을 갖지 못했던 2, 3세기에는, 기독교가 이미 유대교와 확실히 구분되는 하나의 종교였음에도 불구하고, 유대인을 아무리 혐오스럽게 부른 경우에도 어떤 변화를 가져오지는 않았습니다. 그러나 로마제국이 공식적으로 기독교 제국이 된 4세기에 이르자, 그 동일한 십자가 처형 이야기들은 기독교인들이 유대인들을 비난할 빌미가 되었고, 이 때부터 유럽이 때가 찼을 때 유대인을 대학살(Holocaust)할 수 있는 길을 준비하는 길고도 치명적인 과정이 시작된 것입니다.

『누가 예수를 죽였는가?』(Who Killed Jesus?)라는 책에서의 저의 요점은, 십자가 처형에 관한 복음서 설명들을 이해할 때 특별히 복음서에 본래적인 새로운 해석과정(updating process)을 감안해야 한다는 것입니다. 우리는 또한 현대 기독교인으로서 그러한 본문들에 대한 교회의 공식적인 이해와 개인적인 연구를 구별하여 책임있게 토론함으로써, 과거에 그것들이 불질러 온 반셈족주의적 증오심이 미래에도 계속 붙어다니지 않도록 해야 할 것입니다. 이것이 그 책의 부제로 "복음서의 예수 죽음 이야기에 나타난 반셈족주의적 뿌리를 드러내며"라는 표현을 쓰게 된 이유였습니다.

우리는 지금까지 발생하지 않은 것들에 관해 이야기했습니다. 그러면 예수 생애의 마지막 날들에 실제로 발생했다고 당신이 생각하는 것들은 무엇입니까?

제가 재구성할 수 있는 가장 확실한 역사적 사실은 다음과 같습니다. 예수는 예루살렘 성전에서의 그의 행동 때문에, 유월절 기간 동안에 체포되었습니다. 예수와 가장 가까이 있던 사람들은 그들의 안전을 위해 도망쳤습니다. 대제사장 가야바와 로마 총독 빌라도와 갈릴리 분봉왕 헤롯 안티파스 사이에는 예수에 관한 문제로 어떤 대립이 있었던 것 같지는 않습니다. 의심할 것도 없이 이들은 소란을 막기 위해 유월절 전에 급하게 조치를 취하는 데 동의했을 것이고, 또한 초반에 대표적으로 몇 사람을 십자가에 처형하는 것이 특별히 도움이 될 것이라는 점에 동의했을 것입니다. 그리고 성전 수비대나 로마의 군인들이 예수같은 갈릴리 농부 하나를 처리하는데 명령계통까지 밟을 필요가 있었는지 매우 의심스럽습니다. 예수가 고문당하고 십자가에서 처형된 그 통상적 잔혹행위를 상상하는 것은 우리로서는 어려운 일입니다. 이러한 실제적인 사실과 구분되는 것으로서, 복음서에 예수의 "마지막 주간"과 관련하여 자세하게 언급된 모든 것들은 역사로 탈바꿈한 예언이지, 기억된 역사는 아닙니다.

당신은 앞서서 십자가에 처형된 시체는 짐승의 먹이로 버려지는 것

이 관례라고 말했습니다. 그러나 예수의 경우, 그는 아리마대 요셉이 소유한 무덤에 묻히지 않았습니까?

먼저 말해야 할 것은, 십자가에 처형된 시신이 그 가족에게 돌려져 매장되는 일은 가능했다는 것입니다. 그것은 이 장의 처음에 제가 언급했던 예호하난의 경우에 확실히 그랬습니다. 그러나 그것은 매우 드문 일이었지요. 후견인 체제를 갖춘 사회에서 그러한 매장을 허락받기 위해서는 어떤 영향력이 있어야만 했을 것입니다. 일반적으로 말해, 만약 당신이 영향력이 있었다면, 당신은 십자가에 처형되는 결과에 이르지 않았을 것이겠지만, 만약 당신이 이미 십자가에 처형되었다면, 당신은 매장이 허용될 만큼 충분한 영향력을 갖지 못했을 것입니다. 보통은 군인들이 십자가에 처형된 사람이 죽을 때까지 자리를 지켰고, 그 후에는 죽은 고기를 먹는 까마귀나 개, 혹은 다른 야생동물들이 시체를 해 치우도록 시신을 방치해 두었습니다. 그리고 앞서 언급했던 것처럼, 시체를 방치하는 잔인한 행동은 그 곳을 지나가는 모든 사람들에게 소름끼치는 경고를 해두기 위해 당국자들이 고안한 십자가형의 한 과정이었지요.

물론 우리는 예수의 시신에 어떤 일이 발생했는지 정확히 알 수 없지만, 기독교 전승의 발전과정에서 시신의 처리에 얼마나 많은 관심이 집중되었는지에 대해서는 분명히 알 수 있습니다. 시신의 처리와 관련한 소름끼치는 장면은, 그랬기를 바라는 기대와 상상 속에서, 적절한 매장의 모습으로, 심지어는 왕족에게나 해당하는 매장의 모습으로 탈바꿈함에 따라, 이에 대한 전승의 보도들도 계속하여 점점 위엄을 갖추게 되었고 정교하게 다듬어졌습니다.

우선 첫째로, 신약성서에서는 발견되지 않는 베드로 복음서에 보면, 예수는 그를 십자가에 처형한 사람들에 의해 매장되었다고 간단히 보도되고 있습니다. 이 이야기는, 신명기 22:22-23에 기록된 바, 시신을 매장하지 않는 것에 대한 유대인들의 두려움으로부터 발전되어 나왔습니다:

죽을 죄를 지어서 처형된 사람의 주검은 나무에 매달아 두어야 한다. 그러나 너희는 그 주검을 나무에 매달아 둔 채로 밤을 지내지 말고, 그 날로 묻어라. 나무에 달린 사람은 하나님께 저주를 받은 사람이기 때문이다. 너희는 주 너희의 하나님이 너희에게 유산으로 준 땅을 더럽혀서는 안 된다.

기독교인들은, 예수를 십자가에 처형한 사람들이 이 옛 본문을 존중해서 자신들의 손으로 예수를 매장해 주었기를 기대했습니다. 그러나 전승이 발전되어 감에 따라, 예수의 매장은 적의 손으로부터 친구의 손으로 옮겨갔고, 부적절하고도 황급한 절차로부터 충분하고도 완전한 절차로 손질이 가해졌습니다.

이 결과가 마가복음 15:42-46의 잘 알려진 이야기에서 나타납니다.

이미 날이 저물었는데, 그 날은 준비일, 곧 안식일 전날이었다. 아리마대 사람인 요셉이 왔다. 그는 명망 있는 의회 의원이고, 하나님의 나라를 기다리는 사람인데, 이 사람이 대담하게 빌라도에게 가서, 예수의 시신을 내어 달라고 청하였다. 빌라도는 예수가 벌써 죽었을까 하고 의아하게 생각하여, 백부장을 불러서, 예수가 죽은 지 오래

되었는지를 물어 보았다. 빌라도는 백부장에게 알아보고 나서, 시체를 요셉에게 내어주었다. 요셉은 고운 베를 사 가지고 와서, 예수의 시신을 내려다가 그 고운 베로 싸서, 바위를 깎아서 만든 무덤에 그를 모시고, 무덤 입구에 돌을 굴려 막아 놓았다.

저는 이 이야기를 마가의 창작으로 간주합니다(그러나, 바라바의 경우가 그런 것처럼, 아리마대의 요셉이라는 구체적 이름이 호칭되었다고 반드시 역사적 정확성을 보증하는 것은 아닙니다. 만약 당신이 어떤 한 인물을 설정하려 한다면, 인물과 함께 이름을 고안하는 일은 쉬울 것입니다). 마가가 한 작업을 주목해 봅시다. 예수의 시신을 매장한 요셉은 "명망있는 의회 의원," 즉 예수를 십자가에 처형한 사람들 편에 서있는 사람이자, 동시에 "하나님의 나라를 기다리는 사람," 즉 예수와 그를 따르는 사람들 편에 서있는 사람으로 되어 있지요. 마태와 누가는 각각 이 이야기를 진일보시킵니다. 마태는 요셉을 "예수의 제자"로--예수에게 유죄판결을 내린 의회의원으로 보다는--묘사합니다(마태복음 27:57). 한편 누가는 요셉을 의회의원으로 두되, "의회의 결정과 처사에 찬성하지 않았다."고 말합니다(누가복음 23:51). 마태와 누가는 둘 다 마가의 이야기에 나타난 문제점을 해결하려고 시도하고 있습니다. 즉 "요셉이 어떻게 예수에게 유죄판결을 내린 의회에 속하면서, 동시에 그의 시신을 정중하게 매장하려 할 수 있었을까?"라는 문제점을 해결하려 했던 것이지요. 끝으로, 요한이 이 이야기를 말할 때에는, 아리마대의 요셉과 요한복음 초반에 등장한 니고데모를 결합시킨 후, 이들이 동산 가운데 있는 새로운 무덤에 예수를 왕실 장례를 방불

케 하는 방식으로 매장한 것으로 기록합니다. 그리고 요셉은, "유대 사람이 무서워 숨기고 있기는 했으나," 예수의 제자였던 것으로 묘사됩니다.

저는 매장 이야기의 발전과정을 보면서, 우리가 거기에서 확인하게 되는 것은 십자가 처형의 마지막 장면이 드러내는 소름끼치는 공포를 애써 회피하고자 했던 이해할만한 노력들이었다는 불가피한 결론에 이르게 되었습니다. 가장 소름 끼치는 것은 전혀 매장하지 않는 것으로, 썩은 고기를 먹는 동물들을 위해 예수가 십자가에 매달린 채 남겨지는 것이었지요. 그보다 조금 나은 기대는 예수의 적들에 의해 매장되는 것이었습니다. 그러나 군인들이 어떻게 매장했을 것인가 하는 것은 상상하지 않는 것이 더 나을 것입니다: 석회를 뿌려서? 얕은 무덤 속에? 돌 무더기 아래에? 그 다음 가능성은 어떤 당국자가 예수를 매장하기로 결정하는 것이었습니다. 그러나 그것은 신빙성에 문제가 있을 것이고, 뿐만 아니라, 예수가 그 자신만을 위한 별도의 무덤에 매장되지 않은 한, 당신은 빈 무덤을 찾는 이야기를 들을 수 없을 것입니다! 가장 좋은 것은 예수가 그를 사랑했던 사람들에 의해 매장되도록 하는 것이었을 것입니다.

그런데 예수가 매장되었다는 것은 가능한 일입니까?

예, 가능합니다. 역사가로서 제가 다루어야 하는 것은 개연성입니다. 만약 제가 법정에서 증언하고 있는 중에 반대심문에서 "크로산 교수, …한 것은 **가능하지** 않겠습니까?" 하고 제게 묻는다면, 저는 "예. 물론입니다"라고 대답해야 할 것입니다. 역사적 재구성에 있어서는 우리가 확실성을 가지고 다루지 못합니다. 제가 여기에서, 그리고 다른 곳에서, 제시해 온 것은 가장 가능성이 높은 것에 대한 역사적 연구에 기초하여 제가 최선의 판단을 내린 것입니다.

당신이 예수의 체포와 처형에 관한 이야기를 반복할 때마다, 그것은 매우 인간적인 것으로 들립니다. 예수는 새로운 사회의 비전이란 이름으로 권력자들에게 도전하고, 권력자들은 예수를 박살냅니다. 그렇다면 당신은 어떻게 그것으로부터 예수가 우리 죄를 구원하기 위해 죽었다고 주장하는 신학으로 나아갈 수 있겠습니까?

이것을 바라보는 세 가지 방식을 구분하는 것이 도움이 될 것이라고 생각합니다. 즉 역사, 신앙, 그리고 신학이 그것입니다. 역사는 분명합니다. 즉 예수는 로마 총독 본디오 빌라도 치하에서 십자가에 처형되어 죽었습니다. 그러나 예수에 대한 신앙을 가진 사람은 십자가 처형 속에서 의미를 발견했습니다. 즉 그는 우리를 위해 죽었다는 것입니다. 한편 신학은 예수의 죽음이 인간의 죄를 대속한다는 개념을 발전시켰지요. 이제 각각의 개념들을 살펴보겠습니다.

예수의 십자가 처형은 예수를 따랐던 사람들의 희망에 끔찍한 충격을 주었습니다. 수치스러운 죽음은 개방된 밥상과 나눔의 치유 속에서 그들에게 하느님 나라의 여명을 경험하게 해주었던 사람에게서 기대할 수 있었던 운명이 아니었지요. 그러므로 그들은 그것을 의미있는 죽음으로 설명하지 않으면 안 되었습니다.

신앙은 역사 안에서 의미를 발견했습니다. 우리는 20세기 인도의 힌두교인 불가촉천민(untouchable)들이 간디의 암살

사건을 놓고 "그는 나를 위해 죽었다."고 말하는 것을 충분히 상상할 수 있습니다. 멤피스의 흑인 넝마주이들은 마틴 루터 킹 목사를 두고 "그는 나를 위해 죽었다."고 말했을 것입니다. 두 경우는 모두 역사를 사실주의적 방식으로 말하려 했을 것입니다. 왜냐하면 간디와 킹은 억압되고 주변으로 밀려난 집단들의 보다 나은 삶을 추구하는 과정에서, 그들 자신의 죽음을 거의 불가피하게 만들었기 때문이지요. 이러한 의미에서 예수의 비전이 그를 권력층과의 갈등으로 몰고갔다는 인식 하에, "그가 나를 위해 죽었다."고 말하는 갈릴리 농민들을 상상하는 것은 그리 어려운 일이 아닙니다.

그리고 그들은 자연스럽게 이러한 신앙을 그들 자신의 종교적 전승의 언어로 표현하려 했을 것입니다. 우리가 전에 지적했던 것처럼, 예수를 따르던 사람 중에 보다 배운 사람들은 예수의 죽음 바로 직후 그들의 히브리 성서에서 예수의 죽음의 의미를 설명할 수 있는 실마리를 찾기 시작했습니다. 그들은 레위기 16장에서 속죄를 위한 제의를 발견했는데, 거기에서 대제사장은 염소를 제물로 하여 백성들의 죄를 고백한 후, 염소를 광야로 내보냄으로써 상징적으로 백성의 죄를 씻어내었습니다. 물론 이것은 피의 희생제사(blood sacrifice)를 강조하는 종교적 전통 속에 있는 사람들에게만 의미있는 상징입니다.

이러한 희생(犧牲) 신학은 기독교의 다른 공동체, 예를 들어 Q 복음서와 관련있는 공동체와 같은 곳에서는 아무런 영향력이 없었습니다. Q 공동체는 예수를 하느님의 지혜(Wisdom of God)로 간주했습니다. 그들은 예수의 죽음에 대해 이렇게 말했을 것입니다: "하느님으로부터 온 지혜는 항상 박해받고 파멸된다. 그러나 다시 돌아올 것이다." 그들의 신학은 이렇게 전개되었을 것입니다: 세상의 권력은 예수를 파멸시켰지만, 그는 하느님에게로 돌아갔고, **그의 죽음에도 불구하고** 그는 하느님의 지혜로서 우리와 함께 한다. 즉 Q 공동체에 속한 사람들은 희생의 은유를 일체 사용함이 없이 예수의 죽음의 의미를 말할 수 있었을 것입니다.

우리의 말하는 방식은 어떻습니까? 저의 문제는 이것입니다: 피의 희생이라는 표상은 희생제물을 바치는 것을 고대 성전 예배의 일부로 생각했던 사람들에게는 적절했겠지만, 우리의 세계에는 전혀 이질적이라는 것입니다. 우리 사회에서 만약 어떤 사람이 소나 양이나 염소를 피의 희생제물로 바치려 했다면, 우리는 금방 그것을 불법화할 것입니다. 더욱이 죄 때문에 죽어 마땅한 인간을 대신해서, 하느님이 그 자신의 아들을 희생시켰다고 말하는 속죄(贖罪) 신학은, 일부 기독교인들로 하여금 예수를 사랑하게 만들지는 모르나, 그것은 하느님의 부도덕한 모습입니다. 그것은 거의 하늘에서 일어난 아동학대(child abuse)라고 말할 수 있으며, 이 세상에서의 우리의 상상력에도 나쁜 영향을 줄 지 모릅니다. 저는 하느님이 우리와 화해하기 위해 피의 희생을 요구하신다는 식의 신학으로써 저의 신앙을 표현하고 싶지는 않습니다.

그러나 최후의 만찬과 기독교의 성만찬은 예수의 죽음을 기념하고 있습니다. 이것은 지금까지 당신이 말한 것과 어떻게 조화될 수 있습니까?

예수는 자신의 생애 중에 개방된 밥상을 제공함으로써

하느님 나라의 현존을 실행했습니다. 그러나 이것은 구체적인 사람들을 위한 구체적인 식사였고, 대개는 이것이 아니고는 식사의 기회가 전혀 없었던 사람들을 위한 것이었지요. 때마다 끼니를 찾아먹고, 충분한 음식으로 남과 나눌 것이 있는 우리들은 이것을 가볍게 여기면서, 미국식 팟럭(potluck: 각 가정이 한 접시씩 요리를 해서 한 집에 모여 나누어먹는 식사 방법 - 역자주)을 염두에 두고 "팟럭 왕국"이라고 부를 수 있을지 모르겠습니다. 그러나 초대 기독교인들 중 많은 사람들에게 있어서 그러한 개방된 밥상은 그들이 갖고 있는 모든 음식을 의미했습니다. 그들은 하느님이 그 밥상의 주인이라고 믿었지요. 그런데 예수는 바로 이 비전을 위해 죽었고, 또 이 계획 때문에 죽었습니다. 그래서 그 개방된 밥상은, 불가피하게 그리고 마땅히, 그의 삶을 축하하고 그의 죽음을 기념하게 되었습니다.

당신은 베드로가 예수를 부인한 것에 대해서는 언급하지 않았습니다. 이 사건은 상징적 사건입니까, 아니면 역사적 사건입니까?

이 이야기는 마가에서 비롯되었으며, 마가로부터 마태, 누가, 요한의 글에 인용되었습니다. 이 이야기는 마가가 고안한 독특한 문체로 전개되고 있는데, 여기에 등장하는 두번째 사건은 첫번째 사건의 시작과 종결 사이에 끼어 있으며, 그 둘은 상호보완적으로 해석하도록 의도되고 있습니다. 예를 들어, 마가복음 11:12-20에 보면, 예수는 무화과나무를 저주하고, 성전을 "파괴"하고, 무화과나무가 마른 것을 발견합니다. 저주받은 무화과나무와 파괴된 성전은--마가에게 있어서--서로를 해석해 줍니다. 이와 마찬가지로, 심문석상에서의 예수의 용기있는 고백은 베드로의 겁먹은 부인(否認)의 시작과 끝 사이에 끼어 있습니다. 그러나 물론 베드로는 결국 용서를 받습니다. 이렇게 사이에 끼어넣는 방식은 A.D. 66-74년에 있었던 반로마 유대전쟁 동안, 혹은 그 후 시기의 마가 자신의 공동체를 염두에 둔 마가의 창작입니다. 마가의 공동체는 로마와 유대교 양측으로부터의 온갖 박해를 알고 있었으며, 베드로의 부인사건은 이와 관련한 마가의 위로의 이야기입니다: 즉 "예수처럼 용감하십시요. 그러나 당신이 베드로처럼 배반했다 하더라도, 당신은 아직도 용서받을 수 있을 것입니다."라는 위로이지요. 베드로는 대부분의 예수의 동지들이 그랬던 것처럼 도망갔을 것으로 추측하는데(신앙을 버려서가 아니라 용기가 없어서), 이 이야기는 이처럼 예수를 부인했음에도 불구하고 용서받은 한 전형으로 베드로를, 그의 지도적 위치 때문에, 내세웁니다. 그러므로 베드로의 부인 이야기는 역사적이기보다는 상징적입니다.

유다의 배반 사건에도 동일한 것이 적용될 수 있을까요? 이것은 역사적인 사건입니까, 아닙니까?

이것은 훨씬 더 어렵고 예민한 문제입니다. 배신자 유다라는 인물 설정은, "유다"(Judas)라는 이름이 "유대인"(the Jew)을 의미하기 때문에 반셈족주의적 비방을 위해 고의적으로 창작된 것이라는 주장이 있어 왔습니다. 이러한 오해는 비유대적 기독교인들 사이에서는 일어날 수 있을 지 모르지만, 유대인 기독교인들 사이에서는 거의 불가능할 것입니다. 예를 들어, 예수에게는 유다(Judas 혹은 Jude)라는 이름의 형제가 있었지만, 주변 유대인들이 그 이름을 비유대인과 구별

되는 의미로서의 "유대인"으로 들을 가능성은 거의 없었습니다. 그러므로 유다 이야기가 나중에 비유대적 기독교 환경 속에서 창작된 것이 아닌 한, 그러한 논지는 받아들일 수 없습니다. 더욱이 베드로의 부인 사건은 오직 마가로부터만 유래된 이야기인 반면에, 유다의 배반은 다른 여러 독립적인 자료들, 예를 들면, 마태복음 27:3-10과 사도행전 1:18-20에서도 발견됩니다. 유다의 배반이 전체 사건에서 차지하는 역할은 단순히 밤에 예수를 어디에서 찾아내어 조용히 체포할 수 있겠는가 라는 문제만은 아니었을 것입니다. 왜냐하면 당국자들은 이미 공개적으로 처형할 준비를 갖추었기 때문입니다. 유다의 배반은 예수를 찾기 위해 필요했던 과정이 아니라, 누가 예수인지를 확인시켜 줄 사람이 있어야 했기 때문에 필요했던 과정이었을 것입니다. 이것은 순수하게 하나의 추측입니다만, 당국자들이 성전 사건 이후 예수의 동지들 가운데 누군가를 붙잡아, 누가 난동을 주도했는지 알 필요가 있었다고 가정해 봅시다. 이것이 제가 유다와 관련하여 상상해 볼 수 있는 그의 역할입니다. 예수는 유대 땅에서 십자가에 처형되었지만, 그렇게 말하는 것이 반셈족주의적인 것은 아닙니다. 마찬가지로 예수가 유다에 의해 배반당했다 해도, 그렇게 말하는 것이 반셈족주의적인 것은 아닙니다. 말난 김에 한가지 더 말하자면, 유다는 12 제자에 속한 적이 없었다고 생각합니다. 12라는 숫자는 예수가 죽은 이후, 그러니까 베드로가 유대인 개종자를 위한 선교를 지휘해 나가면서, 마치 12 족장들이 옛 이스라엘을 대표했던 것처럼, 12 제자가 새로운 이스라엘을 대표하게 되었을 때 비로소 창작된 것이었지요.

8장

부활절에 무슨 일이 일어났는가?

당신의 책은 저로 하여금 "부활절 이야기"를 산뜻하게 이해하도록 해 주었습니다. 이러한 작업은 기독교 신앙에 대한 진술이 이 세상에서 계속 중요한 도덕적 영향력을 발휘할 수 있도록 신뢰성의 차원을 회복시키기 위해 기본적으로 성취되어야 할 것입니다. … 또한 우리들처럼 계몽된 시대에는 예수가 다윗의 자손이라던가, 처녀에게서 태어났다던가, 혹은 부활했다던가 하는 고안된 이야기들에 불을 지필 필요가 없으며, 그래서도 안 됩니다. … 그런 이야기들은 있는 그대로의 아름다운 신화, 즉 신앙적 열정을 증거하는 시(詩)로서 지키고 간직하도록 합시다. 우리는 정직하게 그런 이야기들을 다만 있는 모습 그대로 인정하고, 그러한 것으로 알고 받아들이도록 합시다. … 교회가 어떤 공동체이며 무엇을 가르쳐야 하는가 하는 문제는 매우 중요한 것이므로, 교회가 부주의하게 혹은 의도적으로 누락시켜 여러 세기 동안 쌓아놓은 더미 뒤에 묻히거나 가리워지지 않도록 해야 합니다.

버몬트로부터 어떤 분이

저는 역사적 예수에 관한 당신의 두 책에 대해 감사드리고 싶습니다. 저는 이러한 책들을 10살 혹은 12살 되던 때부터 지금까지 기다려 왔습니다 (편지를 보내신 분은 지금 최소 85세쯤 되셨습니다). 세상에는 아직도 당신이 쓴 것과 같은 글에 관심을 보이고, 진지하게 역사적 예수에 관해 공부해 보려는 깨어있는 교인들이 있다는 것을 알면, 당신도 흥미있을 것입니다.

아이오와로부터 한 남성이

당신이 묘사한 역사적 예수는 그의 모습을 필요한 경우 현대적인 관점에서 그려냄으로써, 오늘의 교회가 그를 새롭게 생각할 수 있는 길을 제공했습니다. … 당신은 저의 종교적 호기심과 지적 탐구욕을 자극했으며, 저는 그렇게 자극받은 다른 사람들을 알고 있습니다. …

일리노이로부터 한 남성이

제가 이 편지를 쓰는 것은, 당신이 최근 "역사적 예수"에 관해 쓴 글들에 대해 감사하기 위해서입니다. … 저는, 끝까지 정직하기를 원하는 한 사람의 기독교인으로서, 우리가 실제로 예수에 관해 알 수 있는 것에 대해 정직하게 말하는 당신을 보고 매우 가슴 후련한 느낌을 받았습니다. 근본주의자들과 그들의 위협이 진실을 추구하는 수많은 학자들을 움츠려들게 하는 시대에, 당신의 책들은 당당히 서 있습니다. … 사실 저의 신앙은 예수가 살고 활동했던 상황을 알고 이해하게 됨으로써, 실제로 더욱 강화되었다고 말할 수 있습니다.

일리노이로부터 한 남성이

70년대에 아직 학생이었을 때, 저는 예수의 가르침의 과격한 측면을 강조했던 가톨릭 노동자운동에 가담하고 있었습니다. 이러한 경험은 저로 하여금 노인병학에 전념하도록 고무시켰습니다. 저는 죽어가고 있는 사람은 역사적 예수에게서 위로를 얻기보다는, 오히려 "이것은 주님의 말씀입니다."하고 권위있게 선포되는 복음에 의해 보다 위로를 받는다는 것을 알게 되었습니다. 이러한 복음에는 … "빈 무덤"과 여인들에게 나타나심, 그리고 상처를 손으로 확인했다는 도마에 대해 선포하는 … 메시지가 포함됩니다. 만약 이것이 사실이 아니라면, 기독교는 2,000년 동안 속임수와 사기행각을 지속해 온 것이 됩니다. 바울이 말했듯이, 만약 이러한 전체 메시지가 신화론으로 치부되어 버린다면, 기독교는 보잘 것 없는 것 중에서도 가장 보잘 것 없는 것이 될 것입니다.

플로리다로부터 한 여성이

저는 당신의 책 『예수: 하나의 혁명적인 전기』를 좋아했으며, 그것이 예수의 메시지를 보다 합리적인 틀 속에 넣을 수 있는 장기적인 효과를 얻을 수 있기를 바랍니다. 물론 해가 더해 갈수록 저는(저는 감리교인으로 성장했습니다), 최소한 전통적 의미에서의, 예수 부활의 전체 개념과, 죽음 후에 어떠한 방식으로든 의식이 살아남기를 바라는 "죽음 이후의 삶"의 개념을 점점 받아들이기 어렵게--설혹 제가 종교에 계속 관심을 갖고 있고, 또한 교회에 대한 기억들을 사랑하고 있다 해도--되었음에도 불구하고, 당신의 관점은 메시지를 약화시키기보다는 강화시킬 수 있을 것으로 보입니다.

미시간으로부터 한 남성이

예수를 의심하게 만드는 당신의 책과 같은 것들은 세속적인 세상으로부터 칭송과 칭찬을 받게 되겠지만, 궁극적인 판단을 내리는 것은 인간이 아닙니다. 저는 사제도 목회자도 아니고, 단지 그러한 공격이 지속되고 있는데 아무도 말하지 않는 것을 참지 못하는 한 기독교인입니다. 기억해 보십시오.

예수는 사울의 완고함을 꺾고 잠시 눈을 멀게 함으로써, 그가 보아야 할 것을 볼 수 있도록 했습니다. 그러므로 저는, 기독교적 사랑으로서, 당신이 스스로 겸손해져서 예수를 찾도록 도전하고 초대합니다. 그렇게 될 때에, 그리고 그렇게 될 때에만 비로소 예수는 자신을, 저에게 그렇게 했듯이, 당신에게 알게 할 것이고, 당신은 그의 신성이나 그의 부활에 대해 질문할 필요가 없게 될 것입니다. 당신은 알게 될 것입니다. 그는 부활하셨습니다!!

웨스트 버지니아로부터 한 남성이

예수가 죽음으로부터 부활한 것이 아니라는 기사(1994년 7월 17일 시카고 트리뷴지에서 제프 라이온이 당신의 말을 인용하여 쓴)는 어리석은 말입니다. 당신은 예수의 십자가 처형 이후에 그가 죽음으로부터 부활하지 않았다고 말하려는 것입니까? 달리 말하면, 당신은 예수가 아직도 죽은 채로 있다고 생각하십니까? 글쎄요, 저의 예수는 살아 있습니다. 왜냐하면 그는 저의 마음 안에 살아있기 때문입니다. 저는 또한 매일같이 그의 이적들을 볼 수 있습니다. 그는 제가 숨쉴 수 있는 공기로써 저를 살아있게 합니다. 그는 저를 지키시고, 먹이시고, 입히시고, 또 저의 필요한 것을 채워주십니다. 그런데 어떻게 감히 당신은 그가 죽음으로부터 부활하지 않았다고 말할 수 있는 것입니까? 성서조차도 그가 부활했다고 증언하고 있습니다.

일리노이로부터 한 소녀가

부활절은 어떻게 되는 것입니까?

저는 십자가 처형을 논의할 때에, 예수가 그의 친구들에 의해 매장되었다는 이야기가 전혀 비역사적인 것이라고 주장했습니다. 만약 그가 어떤 식으로든 매장되었다면, 그는 그의 친구들에 의해서가 아니라, 그의 적들에 의해 매장되었을 것입니다. 그리고 바위를 파내어 만든 무덤이 아니라, 죽은 고기를 먹는 동물들이 예수의 몸을 쉽게 먹을 수 있도록 얕은 무덤에 묻혔을 것입니다. 이것은 불유쾌한 결론입니다만, 저는 이것을 피할 수 없습니다.

부활절 이야기에 있어서, 우리는 단단한 역사적 사실의 기초 위에 서 있는 것일까요? 만약 아니라면, 예수에 대한 신앙이 아직도 존속하고 있는 사실을 어떻게 설명할 수 있을까요? 그리고 만약 우리가 부활절 이야기들은 문자적으로 읽을 수 있는 것이 아니라고 결론 내린다면, 우리는 그것들을 어떻게 읽어야 하는 것일까요? 제가 이러한 질문들을 던지는 것은, 20세기 사람들에게는 죽음으로부터의 부활이라는 개념이 언뜻 보기에 믿을 수 없어 보인다는 것 때문만은 아닙니다. 이러한 질문을 던지는 또 다른 이유는, 신약성서 기록이 저로 하여금 이러한 질문을 던지지 않을 수 없게 만들기 때문입니다. 마태복음, 마가복음, 누가복음, 그리고 요한복음은 부활 이야기에 대해 전혀 다르게 말하고 있기 때문에, 우리는 이러한 본문들을 쉽게 조화시킬 수가 없습니다. 따라서 우리는 그 의도와 의미를 묻지 않을 수가 없습니다.

간단히 말하면, 결론은 다음과 같습니다: 첫째, 부활 이야기는 단 하루만에 일어난 사건에 관한 것이 아니라, 예수의 죽음을 어떻게 설명할 것이며, 그 죽은 예수가 자기들 사이에서 계속 힘을 불어넣고 있는 경험을 어떻게 설명할까 하는 몇 달 혹은 몇 년 동안의 제자들의 고민을 반영하고 있습니다. 둘째, 부활한 예수가 여러 사람들에게 나타난 이야기는 사실 "환상"(vision)에 관한 것이 아니라, 초대교회의 지도력 싸움 때문에 생긴 문학적인 창작들입니다. 셋째, 부활은 예수가 그를 따랐던 사람들 및 친구들과 계속 함께 하고 있다는 것을 표현하는 여러 은유들 가운데 하나, 단지 하나일 따름입니다.

그래서 당신은 부활절 이야기가 단지 우화(fairy tale)일 뿐이라고 말하고 있는 것입니까? 할리우드식 해피엔딩처럼 말입니다.

아닙니다. 저는 결코 그러한 뜻으로 말씀드리고 있는 것이 아닙니다. 그러나 만약 여러분이 복음서의 기록들을 무비판적으로 읽는다면, 확실히 그런 인상을 받을 수 있을 것입니다. 여러분은 이야기의 전개를 알고 있지요. 금요일은 비극적이었고, 토요일은 황량했고, 일요일은 무덤이 비워지면서, 사태는 반전되었습니다.

예수가 체포되어 처형되었을 때, 그를 따르던 사람들이 도망갔다고 하는 것은 완벽한 사실입니다. 그리고 그것은 충분히 이해할 수 있는 일입니다. 그러나 그렇다고 하여 이들이 금요일에 자신들의 신앙을 완전히 상실했다가, 일요일에 기적적으로 그 신앙을 회복했다고 상상하는 것은 지나친 단순화라고 할 수 있습니다. 저는 초대 기독교인들에 대해 깊은 존경심을 갖고 있습니다. 이들은 예수가 십자가형에 처해졌을 때 그들의 신앙을 잃기는커녕, 오히려 그것을 생생하게 지켰고 더 나아가 그것을 더욱 심화시켰다고 생각합니다.

그러면 빈 무덤(empty tomb)은 어떻게 되는 것입니까?

빈 무덤 이야기는 역사적인 사건일까요? 아닙니다. 저는 예수를 위한 무덤이 있었을까 하는 점에 대해 왜 의혹을 갖는지를 이미 설명했습니다. 저는 예수를 따랐던 사람들 중에 예수가 어디에 묻혔는지를 아는 사람은 아무도 없었다고 생각합니다. 만약 예수가 어떤 식으로든 묻혔다면 말입니다. 복음서 저자들은 그들이 보도하는 내용에서 엇비슷하게라도 서로 일치점에 이르지 못하고 있습니다. 그러므로 저는 단순히 역사를 객관적으로 기록하고자 하는 것과는 다른 어떤 동기들이 여기에 분명 작용하고 있었다고 확신합니다.

차제에 부언하자면, 바울은 부활에 관해 언급한 최초의 기록자입니다만--그의 편지들은 복음서들보다 훨씬 먼저 기록되었습니다--, 그가 빈 무덤 이야기에 대해 들었다는 이야기는 어디에서도 발견되지 않습니다. 만약 빈 무덤이 부활을 입증할 만한 확실한 역사적 사실로 간주되었다면, 이것은 이해하기 어려운 일입니다.

글쎄요, 그렇다면 확실한 역사적 사실이라 할 수 있는 것은 무엇이 있을까요?

잠시 기독교인들이 기록하지 않은 외부의 자료에 눈을 돌려보도록 합시다. 도움이 될 만한 "외부의" 증거들이 있을까요? 있습니다.

첫째로, 제가 종종 언급한 유대인 역사가 요세푸스가 있습니다. 1세기 말 경 기록을 남겼던 그는 예수에 대해 언급하면서, 그는 "놀라운 업적을 남겼고," 유대교 고위급 지도자들에 의해 고발을 당했으며, 빌라도에 의해 사형에 처해졌던 지혜로운 사람이라고 했습니다. 그러나 요세푸스는 여기에 덧붙이기를, "처음에 그를 사랑하게 된 사람들은 그에 대한 애정을 끝까지 포기하지 않았으며," 그 때문에 "그리스도인--그리스도의 이름을 따라 그렇게 불려집니다--이라는 종족은 아직까지도 사라지지 않고 있다."고 했습니다.

두번째 증거는 2세기 초에 기록을 남긴 로마의 역사가 타키투스(Tacitus)입니다. 그는 "그리스도"가 총독 빌라도에 의해 사형선고를 받았다고 기록했습니다. 그리고 그는, 냉소적으로, 그의 추종자들의 "해로운 미신"이 소멸되기는커녕, "세상의 온갖 끔찍하고 부끄러운 것들이 모이고 유행하는" 로마에까지 번져 나갔다고 언급하고 있습니다.

이렇게 우리는 두 가지 외부의 자료들을 갖고 있는데, 하나는 그 색조에 있어 중성적이고, 다른 하나는 모욕적입니다. 그러나 이 두 자료는 무엇이 일어났는가에 대한 대략적인 윤곽에 있어서는 일치합니다. "식민지" 안에서 무언가 운동이 있었습니다. 그 창시자는 빌라도에 의해 처형되었습니다. 그런데, 그 운동이 예측을 깨고 거기에서 소멸되지 않고, 계속 이어져 나갔고, 지금에 와서는 로마에까지 퍼지게 되었습니다. 물론 타키투스와 요세푸스는 기독교인이 아니기 때문에, "부활"을 언급하지는 않았습니다. 그러나 그들은 예수와 연결된 이 운동에서 전혀 "예상하지 못했던 지속성"(unexpected continuity)이 있음을 증거하고 있습니다.

그렇지만 그것은 부활로부터는 먼 이야기 아닙니까?

아마도 그럴 것입니다. 그러나 부활은 예수가 그 추종자들 중에 계속 현존하고 있음을 시사하는 회화적 기술(word-picture of Jesus' continuing presence among his followers)입니다.

예를 들면, 도마복음서에서는 예수에 대해 오직 하나의 칭호만을 사용합니다. 그는 단순히 "살아계신 예수"(Living Jesus)라고 불려집니다. 예수를 따르던 사람들은, 예수가 과거에 그들이 사는 동네에서 걸어다녔듯이, 지금도 세상에 현존하여 활동하고 있는 하느님의 지혜로 경험합니다. 우리가 앞서 언급했던 바, 갈릴리의 가정들과 촌락 등지에서 무상의 치유와 개방된 밥상을 나누도록 예수에 의해 파견된 선교사들이, 여러분 생각에는 예수가 죽던 그 날에 정말로 모든 것을 일시에 잃어버렸다고 생각하십니까? 바로 그 즉시 모든 것이 그들의 신앙을 앗아갔습니까? 그렇지 않습니다. 과거에도 그러했듯이, 그들은 지금도 예수에 의해 능력을 부여받고 있는 자신을 발견했을 것이라고 생각합니다. 그리고 이것은 바로 예수가 아직도 그들과 함께 있다고 하는 것을 의미했습니다. 그래서 그들은 예수가 이처럼 선교사들에게 능력을 불어넣으면서 힘있게 현존하고 있음을 표현할 수 있는 길을 찾고자 했습니다. 그 길이 바로 부활절 이야기였습니다.

당신은 부활사건이 하루에 일어난 것이 아니라, 몇 달 혹은 몇 년의 기간이 걸린 사건이라고 말했습니다. 그것은 무엇을 의미하는 것입니까?

그것은, 예수의 십자가 처형이 그를 따르는 사람들로 하여금 몇 가지 매우 힘든 문제들과 씨름하지 않으면 안 되게 만들었다는 것을 의미합니다. 예수같은 분이 어떻게 십자가에 처형될 수 있었을까? 그 분이 어떻게 제국주의 권력에 의해 불명예스러운 죽음을 맞을 수 있으며, 그러한 그가 어떻게 아직도 우리(예수를 따르던 사람들 - 역자주)의 경험이 증거하는 그러한 분, 즉 하느님의 지혜와 능력으로 존재할 수 있는 것일까? 여러분은 이 물음과 관련하여 두 개의 서로 다른 기독교 공동체를 그려볼 수 있을 것입니다. 갈릴리의 유랑하는 선교사들은 발바닥에 불이 나고 발이 쑤시고 아프도록 이 집에서 저 집으로 걸어다니면서 예수의 활동을 계속 이어나가는 방식으로 이 일을 수행했습니다. 한편 예루살렘의 보다 학구적인 사람들은 그러한 사건들을 이해하기 위해 그들의 성서 본문을 뒤졌습니다. 그들의 신앙을 **상실해**서가 아니라, 어떻게 예수의 십자가 처형에도 불구하고 그들의 신앙이 아직도 살아있는지를 이해하고 **설명하기** 위해서였습니다.

6장에서 언급한 누가복음 24장의 엠마오 도상의 제자 이야기는 그 좋은 예입니다. 이 사건을, 만약에 여러분이 그곳에 있었다면, 비디오 카메라로 잡을 수 있었을, 단 하루만의 사건으로 생각하지 말고, 제가 위에서 언급한 것처럼, 예수의 십자가 처형 사건을 전체적으로 다시 생각해보는 고뇌 과정에 대한 회화적 요약(pictorial summary)으로 생각해 보시기 바랍니다. 이것이 여러분에게도 일리가 있다면, 한번 그러한 방향으로 생각해 보시기 바랍니다.

이 이야기에서, 두 명의 유랑하는 선교사가 부활절에 예루살렘 공동체를 떠나 그 곳으로부터 11 킬로미터 정도 떨어진 엠마오를 향해 가고 있습니다. 그들은 걸으면서 깊은 슬픔에 잠겨, 예수가 체포되고 십자가에 처형된 이 절망스런 사건에 대해 이야기하고 있었지요. 이 때 한 낯선 사람이 이들 사이에 끼어들어, 그들이 무슨 이야기를 하고 있는지 묻습니다. 이들은 이 낯선 사람이 얼마 전 일어난 사건을 모르고 있다는 것을 이상히 여기면서, "하나님과 모든 백성 앞에서, 행동과 말씀에 힘이 있는 예언자" 예수의 십자가 처형 사건에 대해 이야기해 줍니다. 그리고 예수의 빈 무덤을 발견했던 여인들이 전해 준 이상한 이야기들도 말해 줍니다. 그러자 이 낯선 사람은 유대교 성서가 예언한 것을 믿지 못하는 이들의 "무딘 마음"을 힐책하면서, 수사적 표현으로 이렇게 묻습니다. "그리스도가 반드시 이런 고난을 겪고서, 자기 영광에 들어가야 하지 않겠습니까?"

그러나 글로바와 그의 동료는 자기들과 이야기를 나누고 있는 이 낯선 사람이 누구인지를 아직도 이해하지 못합니다. 엠마오에 가까이 이르렀을 때, 이 낯선 사람이 더 멀리 가려는 듯 하니까, 이들은 그에게 자기들과 함께 머물 것을 요청하지요. 그들은 함께 들어가 음식을 나눕니다. 그 이야기를 들어보겠습니다:

> 그리고 그들과 함께 음식을 잡수실 때에, 예수께서 빵을 들어서 축사하시고, 떼어서 그들에게 주셨다. 그제서야 그들의 눈이 열려서, 예수를 알아보았다. 그러나 그 순간 예수께서는 그들에게서 사라지셨다. 그들은 서로 말하였다. "길에서 그가 우리에게 말씀하시고, 성경을 풀이하여 주실 때에, 우리의 마음이 속에서 뜨거워지지 않았던가?"(누가복음 24:30-32).

이것이 그 이야기입니다. 만약 여러분이 이 이야기가 부활절에 두 사람에게 발생했던 것에 대한 문자적인 보도라는 의미에서 역사적이냐고 묻는다면, 저는 아니라고 대답합니다. 그러나 이것은, 기독교 공동체 안에서 발생했던 긴 시간을 둔 과정(process over time)을 묘사한다는 의미에서는 확실히 역사적입니다. 즉, 이들은 살아있는 예수가 "그들의 마음을 열어서 성서를 이해할 수 있게 했다."고 믿게 되었던 것입니다. 그들은 그들의 전통 속에서 그들이 찾고 있던 암시, 즉 예수는 그의 불명예스러운 죽음에도 불구하고, 하느님의 목적을 수행하는 대행자(agent)였다는 암시를 발견한 것입니다. 그리고 예수는 "빵을 떼는 것" 속에서 계속 그들을 만났습니다. 다시 말하면, 기독교인들은 예수가 기왕에 시작한 개방된 공동 식사를 위해 계속 모임으로써, 그가 그들과 함께 계심을 경험했습니다. 하느님 나라의 일을 위해 그들에게 계속 힘을 불어넣은 그는 다름 아닌 "살아있는 예수"였지요.

여러분은 이것을 이렇게 말할 수도 있을 것입니다. 즉 "엠마오 이야기는 사실(fact)은 아니지만, 진실(true)이다."라고 말입니다. 이것은 시간이 지남에 따라 더욱 깊어져갔던 기독교 신앙에 대한 상징적 묘사입니다. 부활절은 단 하루만의 사건 그 이상, 훨씬 그 이상이었습니다.

예, 일리있는 말씀입니다. 그러나 저는 아직도 부활 개념으로 돌아가고 싶습니다. 부활이 어떻게 이해되든, 그것은 결국 신약성서의 중심 주장인 것 같습니다. 맞습니까?

맞습니다. 그러나 제가 말씀드리고자 하는 것은, 부활은 "예수가-우리와-함께 계심"(Jesus-with-us)의 경험에 대해 기독교인들이 생각할 수 있었던 여러 길들 가운데 단지 하나일 뿐이라는 것입니다. 그러므로 물어야 할 것은 부활에 대한 이러한 강조(신약성서의 중심 주장이라는 강조)가 어디에서 비롯된 것이냐 하는 문제입니다. 그것은 바울에서 비롯됩니다.

고린도전서 15장에서, 여러분은 "몸의 부활"(bodily resurrection, 이것은 부활이 육체적 몸-physical body-의 부활인가, 영적인 몸-spiritual body-의 부활인가 라는 논쟁을 통해 bodily resurrection으로 종합되었음 - 역자주)이라는 개념을 변호하고 있는 바울을 볼 수 있는데, 이것은 복음서가 쓰여지기 20~40년 전의 일입니다. 그러나 여기에는 매우 흥미있는 변주가 있습니다. 즉 바울은 결코 부활이 예수에게서만 가능한 특별한 기적이라고 주장하지 않습니다. 정반대입니다. 예수의 부활은 바울에게 있어 **일반적인 부활의 한 사례**일 뿐입니다.

이러한 논점을 그가 어떻게 발전시켜가고 있는지를 살피는 것은 쉽습니다. 바울은, 그의 개종 이전에는, 열성적인 바리새인--바리새인들은 "이 세대"가 끝날 때에 하느님이 의롭게 죽은 사람들을 부활시키실 것이라고 믿었습니다--이었습니다. 여러분이 알고 있는 대로, 바울이 이른바 **환상** 혹은 **황홀경**--눈 먼 상태에서의 빛, 소리, 땅에 넘어짐--을 경험했을 때에, 그는 기독교인들을 박해하기 위해 다메섹으로 가고 있던 중이었지요. 바울에게 있어서 이것은, 그가 공격하고 있었던 예수와의 만남이었습니다. 그는 이러한 예수 경험을 어떻게 이해했을까요? 그는 일반적인 **부활이** 시작되었다고 결론 내렸을 것이라는 것이 저의 대답입니다. 실인즉, 이것이 정확히 바울이 그의 신념, 즉 "예수는 잠든 사람들의 첫 열매"라는 신념을 묘사하는 방식입니다. 바울이 일반적인 부활에 대해 기대하고 있었다면, 그의 예수 경험은 그로 하여금 부활이 사실상 시작되었다고 믿게 만들었을 것입니다. 예수는 부활한 유일한 사람이 아니라, 단지 **첫번째** 사람일 뿐입니다.

바울이, "만약 그리스도의 무덤이 비지 않았다면, 우리의 신앙은 헛될 것입니다."라고 말하지 않고, "만약 그리스도가 살아나지 않았다면, 우리의 신앙은 헛될 것입니다."라고 말한 것은 중요합니다. 그는 예수의 시체가 소생(resuscitation)함에 관해 말하고 있는 것이 아니라, 예수가 전적으로 새로운 실존 양식으로 현존(presence)함에 관해 말하고 있는 것입니다. 바울에게 있어서 지금 시공간적 제약을 받지 않고 초월적으로 현존하는 예수는, 한 때 시공간적 제약 속에서 세상에 현존했던 예수와 동일한 예수입니다.

그러면 바울은 부활에 관해 잘못된 견해를 가졌던 것입니까?

그렇지 않습니다. 저는 바울이 잘못되었다고 말하고 있는 것이 아닙니다. 단지 바울의 경험은 그의 경험일 뿐이라는--다른 모든 사람들의 경험이 아니라--것입니다. 저는 예수를 따랐던 **모든 사람들**이 바울과 똑같은 방식으로 생각했을 것이라고 믿을 어떠한 근거도 발견하지 못했습니다. 예수를 따랐던 대부분의 사람들은 농민들이었지, 성서 해석에 있어 고도의 훈련을 받은 바울같은 바리새인들이 아니었지요. 그리고 바울은 그들의 운동을 반대한 무서운 적이었기 때문에, 그의 황홀경험은 그 자신의 심리적 갈등의 특이한 표출이었을 것입니다. 그러므로 저는 바울의 경험이나 혹은 그 경험에 대한 바울의 해석 방식(즉, 부활한 예수와의 만남으로 이해한 것)이 다른 기독교인들에게서도 전형적인 것이었다고 생각할 하등의 이유를 발견할 수 없습니다. 제가 전에 말씀드렸던 것처럼, 갈릴리에서 예수를 따랐던 이들 농민(선교사)들은 예수의 현존을 자신들의 부르튼 발 속에서 발견했습니다. 반면 예루살렘의 율법학자들은 그들의 성서 연구를 통해 그를 다시 만나고 있었습니다. 그러므로 바울이 부활이라는 범주를 사용한 것은 예수를 따르는 사람들의 삶 속에서 예수의 현존과 능력에 대해 말할 수 있었던 여러 가지 가능한 방법들 중의 하나일 뿐이었습니다.

한 걸음 더 나가 보도록 하겠습니다. 예수에 대해 "잠든 자들의 첫 열매"라는 바울의 이미지는 완전한 수확의 때가 가까왔다는 생각에 기초합니다. 그러나 만약 이것이 사실이 아니라면, 이 은유는 별로 의미가 없습니다. 만약 바울이 오늘날 여기 있다고 한다면, 저는 그에게 이렇게 물을 것입니다: "바울씨, 우리는 '첫 열매' 이후 당신이 말한 수확의 때를 오랫동안 기다려 왔습니다. 당신은 어쩌면 이제 곧 임박할 것이라던 일반적인 부활과 관련하여 뭔가 잘못 생각했는지도 모릅니다. 예수가 우리 사이에 현존한다는 것을 '부활'보다 나은 다른 방식으로 말할 수 있는 길은 없을까요?"

당신은 개인적으로 부활을 어떻게 생각하십니까? 당신 자신의 부활 신앙은 어떤 것입니까?

제게 있어서 부활은 다음과 같은 것을 의미합니다. 예수에게 현존했고, 한 때는 예수와 접촉을 가졌던 갈릴리와 유대 사람들에게 제한되었던 바, 인간을 힘있게 만드시는 하느님의 능력(divine empowerment)은 이제 예수 안에서 하느님을 발견하는 사람이면 이 세상 어느 누구, 어느 곳에서라도 가능하게 되었다는 것입니다. 저에 관한 한, 부활은, 문자적으로, 몸이 무덤 밖으로 나온다든지, 혹은 빈 무덤이나 환상, 혹은 그 어떤 것과도 상관이 없습니다. 그 모든 것들은 신앙을 표현하는 극적인 방법들입니다. 저에게 있어서 부활의 핵심은, 하느님의 능력이 이제 시공간적 제약을 받지 않는 예수를 통해 그를 믿고 경험하는 모든 사람들에게 현존할 수 있게 되었다는 것입니다.

그러면 부활한 예수가 사람들에게 나타났다는 모든 이야기들은 어떻게 되는 것입니까? 당신에게 있어서 부활이 환상이나 문자적 의미의 부활과 무관하다면, 이 모든 이야기들은 어떻게 할 것입니까?

이것은 매우 중요한 질문입니다. 우선은 저의 결론을 먼저 말씀드리고, 실례를 하나나 혹은 둘 정도 들어보도록 하겠습니다.

우리는 대개 부활 후 예수의 나타남(appearance)에 관한 이야기들을 일종의 환상(vision)으로 간주합니다. 그러나 저는 이 이야기들은 그러한 것이 아니라고 생각합니다. 여기에서는 여러분들이 환상에서 기대하는 징조들, 즉 눈을 멀게 만드는 빛, 하늘의 소리, 땅에 거꾸러지는 사건도 없습니다. 예수는 또한 여러분들이 기대하는 어떤 새로운 계시를 "다른 곳으로부터" 가져오지도 않았습니다. 여기에서 실제로 문제가 되는 것은 오히려 "예수가 누구에게 나타났느냐?"라는 것입니다. 즉 이 이야기들은 정치적 목적을 가지고 극화(劇

化)한 것입니다. 그리고 그 목적은, 예수가 더 이상 육체적으로 현존하지 않는 지금, 누가 그 일을 책임질 것인가에 대해 우리에게 말하고자 하는 데 있습니다.

여기에 그 가장 대표적인 실례가 있습니다. 요한복음 20장을 보게 되면, 여러분은 두 제자가 빈 무덤으로 달려가는 이야기를 접하게 되지요. 베드로와 예수의 사랑받는 제자(Beloved Disciple)로 일컬어진 어떤 익명의 제자가 빈 무덤으로 달려갑니다. 사랑받는 제자는 베드로보다 먼저 뛰어가서, 무덤에 도착하여, 안을 들여다보고, 베옷이 벗겨져 있는 것을 목격한 첫번째 사람이 됩니다. 그런데 이보다 오래된 전승은 베드로가 무덤에 들어간 첫번째 사람이라고 했기 때문에, 이 본문에서 베드로는 무덤 안에 실제로 **들어간** 첫번째 사람으로 설정됩니다. 하지만 사랑받는 제자가 그 다음으로 무덤 안에 들어가게 되었을 때, 같은 현장을 보고 믿은 사람은 오직 사랑받는 제자뿐이었다고 본문은 말합니다. 그래서 결국 사랑받는 제자는 베드로로부터 첫번째 자리를 빼앗게 됩니다.

이야기는 여기서 끝나지 않습니다. 사랑받는 제자에게 종속되는 또 다른 사람은 막달라 마리아입니다. 마태복음에 보게 되면(28:8-10), 마리아는 부활한 예수를 만나고 또 그에게 절까지 합니다. 그러나 여기 요한복음에 보게 되면, 마리아는 그녀에게 나타난 예수를 알아보지 못하고, 세 번씩이나 빈 무덤을 잘못 이해하여, "누군가가 우리 주님을 가져갔습니다."라고 말합니다. 그리고 마지막으로, 사랑받는 제자는 "의심하는 도마"로 낙인이 찍혀버린 도마보다 높여집니다. 이 이야기에서 도마는, 자신이 직접 십자가형으로 상처입은 부위를 만져보지 않는 한, 그리고 만져볼 때까지는, 예수의 부활을 믿으려 하지 않았지요. 그러다가 예수가 그에게 나타나자, 그는 사랑받는 제자를 높이는 예수의 말씀 속에서 간접적으로 힐난받게 됩니다: "너는 나를 보았으므로 믿느냐? 나를 보지 않고도 믿는 사람은 복이 있다."

이와 같은 이야기들은 기독교 신앙의 기원과 관련하여 역사적으로 가치있는 것들을 우리에게 제공해 주지는 않습니다. 그러나 이것들은 기독교의 **권위**(Christian authority)의 기원에 관해서는 많은 것을 말해 줍니다. 달리 말하면, 이 이야기들은 초대 기독교 공동체 안에서 누가 우위에 있고 누가 더 힘이 있었는가 하는 경쟁적 모습을 보여 줍니다. 예를 들어, 요한복음 20장은 사랑받는 제자의 공동체 안에서 막달라 마리아의 권위가 베드로나 도마만큼 도전받았었다는 것을 우리에게 말해 줍니다. 그리고 물론 우리는 신약성서 외부에 **베드로 복음서, 마리아 복음서, 도마 복음서**를 가지고 있습니다. 예수의 나타남에 관한 이야기들은 오랫동안, 아마도 한 세대 혹은 두 세대 동안, 존속했던 어떤 공동체를 전제로 합니다. 그러나 이것들은 사실 부활절에 예수의 나타남과는 아무 상관이 없습니다. 그것들은 초대 교회에서 힘과 권위가 어디에 있었는가 하는 것에 관한 극화(劇化)일 뿐입니다.

그리고 이러한 이야기들은 전적으로 때묻지 않은 이야기들이라고도 볼 수 없습니다. 만약 여러분들이 이 이야기들을 조심스럽게 읽게 된다면, 예수의 평등주의적 공동체로부터 집단지도체제(12 제자), 혹은 특수한 개인들(예를 들면, 베드로나 사랑받는 제자)에게로 권위가 넘어가는 조짐을 발견하게 됩니다. 이미 우리는 남성 중심의 교권체제에 의해 이끌어지는 교회에로 향하고 있는 것입니다. 그리고 그것은 예수가 시작했던 곳으로부터는 아주 멀리 떨어진 모습이지요.

그래서 예수의 "나타남"의 이야기들은 하루--부활절--만에 일어난 사건들에 대한 역사적 기록이 아니라는 것이지요, 그렇죠?

제가 주장하고자 하는 것이 바로 그것입니다. 맞습니다. 물론 환상과 같은 것이 있었을 수 있습니다. 종교에는 항상 환상이 존재하고, 바울은 확실히 예수의 환상을 보았습니다. 저의 요점은, 복음서들의 마지막 장에 나오는 이러한 이야기들은, 현재에나 과거에나, 환상을 묘사하려고 했던 것이 아니라는 것입니다.

그렇다고 한다면, 역사적으로 우리에게 남는 것은 무엇이 있을지, 괜찮으시다면 요약해 주시기 바랍니다.

역사적으로 발생한 것은, 십자가 처형 이전에 예수를 믿어왔던 사람들이 그 이후에도 계속해서 예수를 믿었다는 것입니다. 부활절은 새로운 신앙의 시작에 관한 것이 아니라, 옛 신앙의 초지일관(初志一貫)에 관한 것입니다. 예수의 십자가 처형에도 불구하고, 예수는 그를 따르는 사람들 가운데 살아 있었고, 현존했고, 계속 그들에게 힘을 불어넣어 하느님 나라의 일을 할 수 있도록 했습니다. 이것이 유일한 신비였고, 유일한 기적이었으며, 제가 관심을 갖고 있는 한, 이것은 그러한 것들 모두 이상입니다. 물론 환상도 있고 황홀경도 있었을 것입니다. 그러한 것들은 모든 종교에 항상 있어

왔고, 그래서 바울만이 이러한 경험을 했다고 생각할 이유는 없지요. 그러나 움직일 수 없는 실재는, 예수가 힘을 불어넣어 치유자들이 되게 했고 개방된 밥상에 초대했던 사람들은 예수의 비전과 계획을 계속 살아냈고, 그러한 비전과 계획 속에서 그의 현존을 계속 경험했다는 것입니다. 이것이, 제게 있어서의, 부활절입니다.

당신은 개인적으로 우리에게 "죽음 이후의 삶"이 있다고 믿습니까?

첫째로, 역사 이야기를 조금 하겠습니다. 예수가 오기 2세기 전 마카비 시대까지의 구약성서를 보게 되면, 이스라엘 주변의 모든 세계가 내세(afterlife)를 믿고 있었음에도 불구하고, 구약성서 안에만은 내세 신앙에 대한 암시가 전혀 없습니다. 구약성서에 따르면, 하느님은 영원하나, 인간들은, 심지어는 하느님의 백성조차도, 그렇지 않습니다. 만약 어떤 인간들이 영원한 생명을 누렸다면, 그것은 그가 하느님의 백성에 속함으로써 가능했는데, 그 이유는 공동체로서의 하느님의 백성은 계속 존속하기 때문입니다. 저는 A.D. 2, 3세기의 유대교 무덤에서 비문들을 보았는데, 거기에도 관점은 혼합되어 있어서, 일부는 내세 신앙을 갖고 있었고, 일부는 그렇지 못했습니다. 그러므로 내세 신앙이 항상 성서 신앙에 속했던 것이 아니라는 것은 확실합니다.

둘째로, 저는 다음과 같은 질문을 할 필요가 있다고 생각합니다. 즉 "하느님의 일차적 목적은 우리의 불멸성을 보증하려는 것인가?" 하는 질문입니다. 이것은, 불멸성이 없다면 하느님을 믿을 필요가 없다고 생각하는 사람들에게는 그런 것 같습니다.

셋째로, 이른바 "불멸성의 은유들"(metaphors of immortality)을 만들어내고자 하는 것은 인간적 요청에 속한다고 생각합니다. 즉 우리는 우리 삶의 목적으로서 우리 자신보다 큰 무엇, 그리고 우리의 배후에 우리가 의지할 수 있는 것으로서 우리 자신보다 큰 무엇을 필요로 합니다. 그것은 가정일 수도 있고, 국가일 수도 있고, 조직일 수도 있고, 교회일 수도 있고, 혹은 신뢰성에 있어서나 규모에 있어서나 개별적인 인간보다는 큰 어떤 무엇일 수 있습니다. 불멸성의 비유는 삶과 죽음에 의미를 부여합니다.

저는 개인적으로 내세를 믿고 있는가? 그렇지 않습니다. 솔직하게 말하자면, 저는, 내세를 믿든 안 믿든, 그것은 특별히 중요한 문제가 아니라고 생각합니다. 그러나 저는 내세를 믿고 기대하는 사람들과 논쟁하고 싶은 마음은 추호도 없습니다. 저 자신의 관심은, 우리가 여기 땅 위에서 어떻게 우리의 삶을 사느냐 하는 데 있습니다. 우리는 하느님의 뜻이 "하늘에서처럼 땅에서도" 이루어지도록 하기 위해 부름받았다고 확신합니다. 하늘은 하느님에게 속합니다. 그러나 땅은 우리의 책임 하에 있는 곳, 즉 하느님의 나라가 상실되기도 하고 발견되기도 하는 곳입니다.

만약 우리가 우리의 현재 삶이 의미가 있는 것은 죽은 후에도 그러한 삶이 영원히 지속되기 때문이라고 한다면, 이것은 분명 잘못된 것이라고 저는 확신합니다. 혹은 영원한 삶에 대한 기대를 악용하여, 우리로 하여금 이 세상과 이 세상의 불의에 대해 무관심하게 만든다고 한다면, 그것도 잘못입니다. 또 이 세상의 삶은 의미가 없기 때문에, 미래의 삶에 있어서나 그것을 소유할 수 있을 것이라고 한다면, 이것도 잘못입니다. 저는 천국과 함께 지옥의 모습을 같이 그렸던 옛 세대들이 이러한 잘못을 바로 잡았다고 봅니다--그들은 인간의 이야기 속에서 선과 악을 동시에 보았습니다. 그들의 문제점은 천국과 지옥을 미래의 문제로 미루어버린 것이었습니다. 우리의 문제는 지옥에서 눈을 피하여 천국만을 믿으려고 한다는 것입니다. 저의 생각은 천국과 지옥은 둘 다 지금 여기에 현존한다는 것입니다. 우리는 삶을 만들어 갑니다. 우리는 이 세상을 천국으로 만들기도 하고, 지옥으로 만들기도 합니다. 지금까지 전반적으로 보면, 우리는 천국을 만들기보다는 지옥을 만들어 왔습니다. 성서적 용어로 말하면, 우리는 이 세상을 예수가 꿈꾸어 온 하느님 나라의 모습으로 만들든가, 아니면 이것을 이 세상의 시이저들이나 빌라도들에게 넘겨주든가 둘 중에 하나를 해야 합니다.

9장

어떻게 우리는 예수로부터 그리스도에 이르게 되는가?

오늘 저녁에 제 친구가 아들과 함께 들렀습니다.
저는 당신의 책에서 농민들의 저항 형태에 관한 몇 대목을 읽어 주었습니다. 제 친구는 제가 무슨 말을 해도 항상 친절하게 받아 주지만, 저는 그에게 예수에 관해 한마디도 말하지 않았습니다.
사실 저는 예수에 관해 토론할 때, 기독교인하고 하기보다는 불교인 친구들과 하는 경우가 더 많습니다. 이것은 안타까운 현실입니다. 문장 한 대목을 인용하겠습니다:
"개방된 식사는, 불가피한 곳에서는 제의화(祭儀化) 되었고, 그렇지 않은 곳에서는 소멸되어 버렸다."
저는 신앙의 모범이 되지 못합니다.
저는 이러한 책을 학수고대하며 기다려 왔습니다.

워싱턴으로부터 한 남성이

도미니크 박사님: 당신은 제가 기독교인이라 말할 수 있는 기본 틀을 마련해 주었습니다. 저는 오랫 동안 기독교인이라고 자부할 수 없었습니다.

미네소타로부터 어떤 분이

제가 학부에서 기독교 과목을 배울 때, 교수님에게 피해를 입힌 점에 대해 사과를 드립니다.… 교수님의 책은 단 한 권도 읽어 본 적이 없으면서, 학우들과 저는 교수님을 괴롭혔고, 또 교수님을 타락한 분으로 낙인찍어 학교에서 내쫓았습니다.… 저는 선물로 『예수: 하나의 혁명적 전기』를 받았습니다만, 최근까지도 읽지 못했습니다. … 교수님은 모든 종교인들의 집중적인 관심을 끄는 심각한 문제들을 제기했다고 믿습니다. … 교수님의 저술은 두려우면서도, 영혼에 힘을 불어넣는 영감을 그 특징으로 하고 있습니다. 교수님은 제가 저 자신을 향해 어떻게 문을 개방해야 할지를 가르쳐 주셨고, 제가 마땅히 질문해야 할 것을 질문할 수 있는 용기를 주셨습니다. 교수님께서 책에서 보여주신 강인한 마음을 위해 기도하겠습니다.

버지니아로부터 한 남성이

대부분의 영국 성직자들은, 예를 들어, 성서에 기록된 예수의 말씀이나 행동을 당연한 것으로 받아들입니다. 그러나 우리 모임의 회원들은 성서학의 가장 기본적인 결론들을 무시한 설교나 강의를 참고 들어야 한다는 것을 점점 짜증스럽게 느끼고 있습니다. 이러한 거리감을 갖고 산다는 것은 도전이 됩니다. 이것은 한편으로 교회를 다니지 않는 전문가들의 지성과 정직성을 손상시키지 않으면서, 그들과 함께 예수와 예수를 따르는 사람들에 관해 토론하는 것을 가능하게 해 줍니다. 다른 한편, 패러다임의 전환은 일반적인 교회의 담론과 예배에 파격적인 결과를 가져와서, 교회 다니는 사람들 가운데 이에 맞대면할 사람은 매우 드뭅니다. 당신도 이러한 거리감을 느끼십니까?

영국으로부터 한 단체가

당신은 당신의 저서를 통해, 정통 기독교에서 받아들여지고 있고 저 자신도 개인적으로 감히 그렇게 주장하고 싶은 바, 예수가 하느님의 아들이라는 사실을 역사적으로 믿지 않는 것 같은 느낌을 주었습니다. 정확히 현대 기독교에 대한 당신의 인상은 어떤 것인지요? 당신은 예수의 죽음과 부활에 기초한 미래의 하느님 나라와, 그의 희생적 죽음을 통한 인류의 죄의 속죄, 그리고 하느님의 은혜에 따른 선물로서의 영원한 구원 개념 등을 믿고 있는 수많은 사람들을 어떻게 생각하십니까? 그들은 모두 잘못 인도되고 있고, 그들의 믿음은 잘못된 것입니까?

캘리포니아로부터 한 여성이

역사적 예수에 관한 당신의 파악이 정곡을 찔렀다고 가정해 봅시다. 그것이 예수의 제자로서 제게 주는 의미는 무엇일까요? 구체적으로 말해, 예수를 따른다고 하는 것이 오늘날 어떤 것일 수 있을까요? 오늘날 기독교인들은 어떻게 살아야 하는 것입니까?

버지니아로부터 한 남성이

이제는 요약해야 할 때입니다. 만약 예수에 관해 한 번도 들어보지 못한 어떤 사람이 당신에게 그에 관한 이야기를 2-3분 내로 요약해서 말해 달라고 하면, 당신은 무엇을 말할 수 있겠습니까?

저는 이렇게 말할 것입니다: 예수는, 오랜 동안 그럭저럭 생존을 유지해오다가 점점 더 심하게 억압을 받게 된 한 피점령지의 농민들 사이에서 살았습니다. 이것은 구조적인 불평등과 불의의 세계였습니다. 그러한 세계에서 그는 대안이 될 만한 새로운 비전(vision)을 제시했고, 또한 그것을 삶으로써 살아 내었습니다. 그리고 그는 다른 사람들을 초대하여, 그것을 더불어 나누었습니다. 그 비전은 무상의 치유와 나눔의 식사가 있는 공동체, 하느님 앞과 서로의 앞에서 평등한 공동체이지요. 그는 여성과 어린이와 남성, 그리고 나병환자와 적빈자(赤貧者)와 정신질환자들을 똑같이 초대했습니다. "와서 함께 먹고 고침을 받으십시오. 그리고 당신이 경험한 것을 다른 사람들에게도 나누어 주십시오."라고 말입니다. 이 새로운 공동체가 하느님 나라의 모습, 즉 시이저가 아니라 하느님이 이 세상을 직접 다스리시게 될 때의 전체 세계의 모습입니다. 그것이 곧 하느님의 뜻이 하늘에서와 같이 땅에서도 이루어지소서 하는 주기도문의 의미입니다.

그러나 "하늘"은 완전했지만, 땅은 문제가 있었습니다. 예수가 단순히 하느님 나라에 관해 가르치는 데 그치지 않고, 그것을 **삶으로써** 실천하려고 했던 것은 바로 이 때문이었습니다. 이것이 예수를 혁명적인 인물--군사적인 의미에서가 아니라, 사회적인 의미에서--로 만들었습니다. 그리고 그는 하느님 나라에 대한 그의 비전 때문에 죽었습니다. 이 세상의 기존하는 체제에 대한 그의 예리한 도전은 어느 때든지 그를 체포할 수 있는 이유가 되었겠지만, 특별히 성전에 대한 그의 상징적 파괴행위가 유대교와 로마의 고위 당국자들로 하여금 그를 즉각 처리할 수 있는 빌미를 제공했습니다. 대제사장 가야바나 로마 총독 빌라도와 같은 권력자 치하의 예루살렘에서는 예수같이 힘없는 농부는 당연히 궤멸당할 수밖에 없었는데도 불구하고, 그가 아무런 사전준비도 없이 거친 행동을 했다고 하는 것은 거의 상상조차 할 수 없습니다.

그런데 전혀 예측할 수 없었던 사건은, 이 문제의 유대인 농부의 죽음이 끝이 아니었다고 하는 것이었습니다. 예수와 함께 있을 때부터 자신들의 삶 속에서 하느님의 능력을 경험했던 사람들은 그의 죽음 이후에도 계속 그 능력을 경험했습니다. 이제 그 능력은 더 이상 시간과 공간에 제약되지 않고, 예수 안에서 하느님을 본 사람들에게는 어느 곳에서나 가능하게 되었지요. 신중한 중립적 역사가 요세푸스가 1세기 말에 다음과 같이 보도한 것은 바로 이러한 이유 때문이었습니다: "처음에 예수를 사랑하게 되었던 사람들은 그에 대한 자신들의 애정을 포기하지 않았고 … 그리스도의 이름을 따라 붙여진 그리스도인들이라는 종족은 오늘날까지도 사라지지 않고 있다."

이것이 역사적 예수에 대한 저의 초상화입니다. 예수는 무상의 치유와 공동 식사를 제공함으로써, 기존하는 사회의 교권 체계와 가부장적 체계에 대해 "아니오" 할 수 있는 공동체를 선언했고 창조했습니다. 그는 새로운 하느님에 대한 새로운 중개인으로 단순히 해석되지 않도록 하기 위해 계속 유랑했고, 어느 곳에도 안주하지 않았습니다. 그는 중보자(mediator)이고자 하지 않았습니다. 그는 오히려 사람들 사이에나 사람과 하느님 사이에는 어떠한 중보자도 있어서는 안 된다고 선언한 사람이었습니다. 다른 말로 하면, 그는 중보자나 중개자가 없는 하느님의 나라(brokerless Kingdom of God)를 선언했습니다.

당신에 대한 비평가 가운데 한 사람은, 당신이 예수를 제국주의 식민지의 농민 저항가로 강조하는 것은 영국 치하의 아일랜드에서 자란 당신의 경험으로부터 비롯된 것 아니냐고 지적한 적이 있었습니다. 이것은 가능한 이야기입니까?

글쎄요, 우리가 어떤 관점에서 보느냐 하는 것은 우리가 서 있는 시공간에 의존하게 된다는 것은 누구에게나 확실히 사실입니다. 예를 들어, 당신이 남성지배적 사회 속에 있는 여성이거나, 혹은 백인지배적 사회 속에 있는 아프리카계 미국인이라면, 당신은 아마도 다른 사람들이 간과하거나 부정하는 실재들을 볼 수 있을지 모릅니다. 이러한 의미에서, 의심할 것도 없이, 저는 제국을 환영할 만한 실재로 보지 않는 분위기 속에서 성장했습니다. 그러므로 저의 삶의 경험은 실제로 예수와 예수 주변에 일어난 일들을 **통찰**할 수 있게--그것을 날조하는 것이 아니라--해 주었다고 말할 수 있을 것입니다.

저는 대영제국이 기울기 시작하던 때에, 식민지 이후 아일랜드의 제1 세대들 사이에서 성장했습니다. 저는 영국이 아일랜드에 자행했던 끔찍한 일들을 확실히 알게 되었지만, 제국을 이끌어갈 영국 청년들을 교육시킬 목적으로 선택된 교과서를 통해 전형적인 영국식 교육을 받아야 했지요. 저의 조부모는 보다 낮은 계급의 농부이셨고, 저의 외조부모는 도시 중산층의 상인이셨습니다. 다시 반복하겠습니다. 저는 저의 이러한 배경이 20세기에 제가 느낀 것과 마찬가지로 1세기의 불의에 대해서도 예민한 감각을 가질 수 있도록 해주기를 바랍니다. 그러나 그것이 저로 하여금 1세기 당시에는 실제로 존재하지도 않았던 증거를 날조하게 만들었다는 주장에 대해서는 동의하지 않습니다.

당신이 재구성한 예수－－"아래로부터 위로" 사회를 재건설하고자 농민들 사이를 돌아다녔던 예수－－는 남미 해방신학의 예수와 매우 비슷해 보입니다.

설혹 그렇더라도, 그것은 제가 해방신학을 공부하는 사람이기 때문은 아닙니다. 만약 역사적 예수가 남미의 상황과 어울린다고 한다면, 그것은 남미의 상황이 예수의 상황과 실제로 비슷하기 때문일 것입니다.

예를 들어 남미의 대주교 로메로(Oscar Romero)를 생각해 보시기 바랍니다. 그는 1970년대 말 산 살바도르의 대주교가 되었는데, 그곳은 소수의 부유한 엘리트 계층이 정치, 경제, 군사를 장악한 반면, 대부분의 사람들은 농민으로서 가난한 삶을 살아야 했습니다. 역사적으로 교회는 엘리트 계층의 이해관계를 대변해 왔습니다. 그러나 선한 목회자였던 로메로는 민중들 사이로 들어갔고, 또한 민중들은 그들의 주교를 변화시켰습니다. 그는 정치적 우익의 부당한 특권과 폭력에 대해서 뿐 아니라, 게릴라 좌익의 폭력과 이데올로기에 대해서도 강력하게 비판하기 시작했지요.

복음이 땅에 뿌리를 내려서 구원받아야 할 세상과 어떤 형식으로든 관계맺는 것을 원치 않는 사람들을 향해서, 그는 그리스도가 **그때** 했던 것, 즉 억압의 멍에를 부수고, 마음에 기쁨을 가져오고, 희망의 씨를 뿌리는 것을 "하느님이 **지금** 하고 계신다"고 주장했습니다. 그는 목소리를 내지 못하는 사람들, 오두막집과 판잣집에 사는 사람들, 커피 농사를 짓는 사람들, "실종된 사람들"과 고문받은 사람들을 위한 목소리가 되었습니다. 그는 말했습니다. "배고픔과 헐벗음, 가난과 고문으로 고통받는 사람들에 대해 관심을 기울이는 사람들만이 하느님이 가까이 계신 것을 느낀다."라고 말입니다. 그는 단순한 자선행위로는 충분하지 않다고 했지요. 왜냐하면 그것은 사랑의 모습을 정의가 빠져버린 자선활동으로 치부해버릴 수 있기 때문입니다. 1979년 크리스마스 이브 설교에서 그는 다음과 같이 말했습니다.

> 우리는 오늘날의 크리스마스 구유와 같이 아름다운 모습 속에서 어린 예수를 찾으려고 해서는 안 됩니다.
> 우리는 그를, 아무 것도 먹지 못한 채 오늘 밤 잠자리로 가야하는 영양실조에 걸린 어린아이들 가운데서, 문간에서 신문을 덮고 잠이 들 가엾은 신문팔이 소년들 가운데서 찾아야 합니다.

정치가들과 매스콤들에 의해 정부전복을 지원했다고 고발된 그는 그 고발내용을 부정하면서, "존재해서는 안 될 불의한 질서의 뿌리를 복음이 건드리고 있다고 하여 정부전복적이라고 불리울 수 있는 것이 아닌 한," 그 고발내용을 받아들일 수 없다고 했습니다.

예측한대로--그는 자신을 기다리고 있는 운명을 이미 알아채고 있었지요--로메로 대주교는 1980년 사순절에 미사를 강론하는 도중 암살단에 의해 살해되었습니다.

그러나, 예수의 이야기와 마찬가지로, 그것은 거기에서 끝나지 않았습니다. 13년이 지난 후, 한 무리의 학자들이 저의 역사적 연구에 대한 심포지움을 위해 시카고에 모였을 때, 저는 드류대학교 신학대학에서 가르치는 켈러(Catherine Keller) 교수가 엘 살바도르 방문을 마치고 들려준 회고담을 듣고 감동을 받았습니다. 그녀는 최근 엘 살바도르에서 돌아왔는데, 그 곳에서 "내 생애 처음으로 초대 기독교의 이야기가 나에게 실제적인 것이 되었다."고 고백했습니다. 그 곳에서 그녀는 먹는 일(예를 들면, 정부가 주는 음식 대신에, 감옥에 갇힌 대학생들에게 사식[私食]을 넣어주는 일)과 육체적, 정신적 치유를 중심으로 얽혀진 풀뿌리 공동체를 만났던 것이지요.

"부활한 로메로"는 벽화가 있는 곳마다 나타났지만, "그는 성별의 차이를 넘어서서 자신의 생명을 남을 위하여 내어놓는, 정확히 말하면, 대속적 희생을 통해 하느님을 만족시키는 어떤 기괴한 시도로서가 아니라, 자신의 생명을 다른 사람과 충분히 나눔으로써 죽임의 세력이 그들을 이겨낼 수 없게 만드는 방식으로, 모든 순교자들을 통해 계속 나타나고 있다."고 켈러는 말했습니다. 그녀는 사람들이 죽음 앞에서 용감하게, "열정과 수준 높은 해학, 일상생활 속에서의 육체적 관계의 기쁨, 무지개 빛 희망(낙관주의는 아님), 역사와 국제정치학에 대한 분명한 비판적 분석을 이러한 희망과 결합"시키는 일 등을 통해, 살아가고 있는 모습을 발견했습니다. 이러한 공동체 속에서 그녀는 예수의 이른바 하느님 나라를 가까이 느낄 수 있었다고 했습니다. 정의를 실현하는 일에 깊이 관여했다는 이유로 납치되어 성폭행당하고 끝내 살해당해야 했던 어머니의 유산을 물려받은 한 살바도르 여인의 느낌을 통해, 십자가 처형과 부활은 켈러에게 현재적인 실재가 되었습니다: 즉 "악의 세력들은 그녀에게 삶을 의미했던 것들을 멈추게 할 수 없었습니다."

　이러한 이야기를 듣고서도, 우리 세대 중에 하느님 나라 복음의 계속적인 실재와 능력을 깨닫지 못할 사람이 어디 있겠습니까?

당신의 역사적 예수상은 예수에 관해 가르치고 있는 교회의 가르침과는 어떻게 조화될 수 있겠습니까?

　이 질문에 제대로 대답하기 위해서는 또 한 권의 책을 써야 할 것입니다. 그러나 여기에서 우선 간단히 대답해 보도록 하겠습니다. 우리가 늘상 사용하는 "예수 그리스도"라는 말은 지금의 그 물음을 함축하고 있습니다. "예수"는 역사적 인물이고, "그리스도"(Christ)는 예수를 믿는 사람들에게 있어 그는 누구인가 하는 것을 확언해 줍니다. "그리스도"는 그리스어에서 온 말로, 히브리어 "메시아"(Messiah)와 같은 것을 의미합니다. 두 단어는 모두 "기름부음 받은 사람"(the Anointed One)을 의미하며, 하느님이 보낸 구원자에 대한 유대교의 희망을 요약해 줍니다. 그러므로 "예수 그리스도"는 이름과 성을 나타내는 것이 아니라, 이름과 칭호를 나타내 줍니다. 즉, "그리스도(메시아)이신 예수"라는 말입니다.

　기독교 신앙은 항상 역사적 예수가 하느님이 우리에게 나타나신 분이라는 것에 대한 신앙입니다. 신앙은 예수를 역사적으로 재구성하는 것 이상의 문제입니다. 어떤 사람들은 제가 학문적 연구를 잘 수행해왔다고 생각하면서, "그것은 예수의 유랑생활이나 인습적인 생활방식에 대한 도전, 그리고 그의 개방된 식사 등에 관한 매우 재미있는 연구이기는 하나, … 나의 삶을 그것과 연관시켜 만들어나갈 생각은 없다."고 말할지도 모릅니다. 어떤 사람들은 역사적 사실들을 받아들여, 예수는 이상주의자였다거나, 오판을 한 사람이었다거나, 괴팍한 사람이었다거나, 혹은 그 어떤 인물로 결론 내릴 수도 있을 것입니다. 기독교 신앙은 역사적 예수의 모습 속에서 하느님의 능력과 지혜를 발견하는 것이며, 또한 그것이 우리의 현재 삶에 주는 함축적 의미를 심각하게 생각하는 것을 의미합니다.

그러므로 신앙은 역사적 사실들을 넘어서서, 그것의 의미들을 추구하기 위해 씨름하는 데로 나아갑니다. 그러나 신앙은 역사적 사실들을 무시하거나 우회할 수가 없지요. 우리가 신앙에서 믿는 것은 우리가 역사에서 알고 있는 것의 궁극적인 의미입니다. 예수에 대한 역사적 재구성은 우리가 예수를 어떻게 믿어야 할지를 알려줍니다. 예를 들어, 만약 제가 역사적 예수는 "중개인 없이"(unbrokered) 하느님과의 직접적인 관계성으로 사람들을 불렀다는 것을 알게 되었다면, 그러한 제가 하느님과 인간의 유일한 중보자로 주장되는 그리스도를 믿게 되기는 힘들 것입니다. 만약 제가 개방된 밥상을 중심으로 하느님 나라를 실행했던 예수를 발견했다면, 그러한 제가 사회적 혹은 도덕적 분리주의자인 그리스도를 믿게 된다는 것도 힘들 것입니다. "그리스도"는 예수 이상이지만("Christ" is more than "Jesus."), 그렇다고 예수 이하인 것은 아니지요. 간단히 말하면, 만약 그리스도에 대한 저의 신앙이 제가 역사적 예수에 관해 알게 된 것을 가장 깊은 차원에서 해석해 주지 못한다면, 저는 저 자신의 신앙을 다시 재검토해 보는 것이 좋을 것입니다.

당신의 책들은 제게 많은 공감을 불러 일으켰습니다만, 그 결과 일요일에 교회에 앉아서 그곳에서 실제 일어나고 있는 것들에 대해 많은 회의를 갖게 되었습니다. 제가 교회의 일원이 된 데에 대해서는 의미를 발견했지만, 예수에 대한 이러한 새로운 이해방식을 가지고 이제 무엇을 어떻게 해야 좋을지는 모르겠습니다. 저는 어떻게 하면 좋을까요?

글쎄요, 교회 안의 어떤 요소들은 사실 개혁될 필요가 있을 것입니다. 예를 들어, 자신이 나가는 교회 혹은 성당의 목회자가 권위주의적이라면, 그것은 받아들일 수 없는 것이라고 저는 말하고 싶습니다. 이 점에 어떤 이의가 있을지 저는 잘 모르겠습니다만, 예수는 주인은 종처럼 처신해야 한다는 점을 분명히 했지요. 예수는 두목 노릇을 해서는 기독교의 지도자가 될 수 없다는 점을 분명히 했습니다. 그러므로 저 같으면 그러한 종류의 교회생활을 참기는 힘들 것입니다.

성만찬과 관련하여 말한다면, 그 의미는 하느님과 예수가 성만찬의 떡과 포도주로서 우리에게 현재한다는 것, 그것도 모든 사람을 위해 **동등하게** 현재한다는 것이라고 말할 수 있을 것입니다. 어느 누구도, 비록 제의화된 형태의 음식이기는 하지만, 다른 사람보다 더 큰 떡을 먹고, 더 많은 포도주를 마실 수는 없지요. 문제는 우리의 현재 삶의 형태가 예수가 그의 활동 중에 보여준 삶과 어떤 연속성을 보여주고 있느냐 하는 것입니다. 제게 있어서는 하느님 앞에서 신앙공동체가 갖는 동등성에 대한 감각이 절대적으로 중요합니다. 이러한 동등성의 감각이 없으면, 예수가 실천한 개방된 밥상과 성만찬의 관계는 깨어지고 말지요. 그러므로 중요한

질문은 이것입니다: "우리의 현재 형태의 교회생활이 예수와의 연속성을 반영하고 있는가? 아니면 깨뜨리고 있는가?"

말이 난 김에, 성례전에 관해 언급한 것을 오순절에 관해서도 연장해서 언급해보고자 합니다. 방언의 문제를 예로 들어 보겠습니다. 만약 예배자들이 방언을 하는 사람들이 그렇지 않은 다른 사람들보다 우월하다는 결론을 내렸다고 한다면, 그것은 예수와의 연속성을 깨는 것이지요. 그러나 만약 그들이 성령은 누구에게나 평등하게 임재할 수 있고, 그것은 누구도 예측할 수 있는 것이 아니라고 결론 내렸다고 하면, 그들은 예수와의 연속성 속에 있는 것입니다. 우리의 형식과 관련하여 묻고자 하는 것은, 그것이 정확히 예수가 행했던 것과 같은 것이냐 하는 것이 아니라, 그것이 예수의 기본적인 강조점과 일치하느냐 하는 것입니다. 저는 또한 다음과 같은 질문도 던지고 싶습니다: "우리가 예배에서 행하고 있는 것은 일주일에 한번 세상으로부터 도피하는 일입니까, 아니면 예수가 세상에 뿌리내리기 위한 발판을 마련하는 것입니까?"

당신 개인의 영적 생활이나 교회와의 연관성에 관해 말씀해 주실 수 있겠습니까?

저는 수도회에서 매일 공식적인 기도만 4-5시간씩 드리면서 제 생애의 20년을 보냈습니다. 저는 1969년 사제직을 떠났습니다. 이유는, 앞서 말씀드렸던 것처럼, 결혼을 하고 싶어했고, 또한 로마 가톨릭 교권제도의 운용방식에 매우 식상했기 때문이지요. 저의 지성과 양심은 계속해서 손상을 입었고, 제가 연구를 통해 발견한 것들을 드러내 놓고 말할 때마다 항상 마찰을 빚게 되었습니다. 저는 이러한 것으로부터 떠나고 싶었습니다. 저는 교권제도와 계속 논쟁을 벌이고 싶지도 않았고, 그들이 저의 논제를 제약하는 것을 원하지도 않았습니다. 그래서 저는 기본적으로 다음과 같이 결론을 내렸습니다. "당신들은 나를 그냥 내버려두시오. 나도 당신들을 간섭하지 않을 것입니다." 그러나 저는 항상 저 자신을 로마 가톨릭 전통과 로마 가톨릭 공동체의 일원으로 간주하고 있습니다. 저는 치유책의 일환으로 일정한 거리를 유지하는 것, 즉 로마 가톨릭 교권제도와 전략적으로 분리되는 것이 필요합니다. 그러나 또한 저는 기도와 학문은 더 이상 분리시켜 생각할 수 없다는 점도 말해두고 싶습니다. 만약 기도의 기능이 하느님이 우리에게 다가올 수 있도록 하는 데 있다고 한다면, 학문은 그러한 일이 지금 제게 일어나고 있는 자리입니다. 어떤 분이 한 인터뷰에서, 만약 제가 다시 한번 살 수 있는 기회가 주어진다면, 지금까지와는 달리 무엇을 하게 될 것 같으냐고 물었습니다. 저는 똑같은 일을 똑같은 방식으로 다시 하게 될 것입니다. 왜냐하면 지금의 결과를 가져온 그 방식을 저는 좋아하기 때문이지요. 제가 그 일을 또다시 하게 된다면, 저는 수도원에서 20년을 보내게 될 것입니다. 제가 그 일을 또다시 하게 된다면, 저는 또한 그 수도원을 떠날 것입니다.

만약 당신이 교회에 요술 지팡이를 휘둘러서 당신이 원하는 어떤 변화를 가져올 수 있다고 한다면, 그것은 무엇이 되겠습니까?

저는 전체적인 결정방식을 뒤집어서, 문제를 아래로부터 위로 올라가는 방식으로 결정되도록 하겠습니다. 저는 어느 누구도 위에서 아래로 요술 지팡이를 휘두를 수 없는 그러한 교회를 원할 것입니다. 설혹 내일 교황이 여성들도 이제부터는 사제가 될 수 있다고 선포한다 하더라도, 저는 그것이 좋은 착상이라고는 전혀 생각하지 않습니다. 이유는 단순합니다. 그것은 위로부터 아래로 내려오는 선언일 것이기 때문입니다. 세계는 권위주의적이고 교권적인 공적 생활형태로부터 변해가고 있습니다만, 교회는 전혀 변하지 않고 있습니다. 언어조차도 로마 제국주의 시대 이래로 변하지 않고 있지요. 제가 로마에서 수사로 있을 때, 생활비로 받은 급여는 로마인이 노예들에게 지불할 때부터 사용해온 라틴어 용어로 기재되었습니다. 우리가 교회에서 필요하다고 생각하는 것은, 사람들이 어떻게 생각하고 어떻게 행동해야 되느냐 하는 것을 지시해주는 것 대신에, 출산억제나 인공유산과 같은 중요한 문제들에 대한 최대한의 토론을 불러일으키는 것입니다. 그래서 제가 만약 요술 지팡이를 휘두를 수 있다면, 그 요술 지팡이를 치워서 더 이상 휘두르지 못하도록 하겠습니다.

저의 마지막 질문은 질문에 관한 질문입니다. 만약 예수에게 한 가지 질문을 드릴 수 있는 기회를 얻게 되었다면, 당신은 무엇을 질문하시겠습니까?

저에게 편지를 주셨던 분들 가운데 한 분이 예수에게 보내는 두 개의 서신 형식으로 바로 이런 종류의 질문을 했습니다. 이 편지 속에서 예수에게 드려진 질문들은 제가 생각하기에 가장 잘 만들어진 질문들입니다. 두 개를 종합하고 축약해서 소개해 드립니다:

예수님께!

　소그룹 모임인 저희들은 이제 막 크로산 교수가 쓴 당신에 관한 전기를 읽기 시작했습니다. 그 동안의 진도로 보면, 그의 비교적 짧은 책조차도 다 끝내지 못할 것 같습니다. 크로산 교수가 이 책의 서두에서 다룬 문제는 당신이 태어난 세계에 관한 것입니다. 그의 요점은, 제가 믿기로, 만약 우리가 진실로 당신을 이해하고자 한다면, 당신 삶의 전후상황을 알려고 노력해야 한다는 것입니다(그런데 저는 진도를 앞질러서, 이 책을 미리 다 읽어버렸습니다). …
　그래서 아주 많은 문제들이 서로 다르게 보입니다. 저는 정치적 권력을 가진 한 단체의 일원인데, 당신은 아니었습니다. 저는 법 개정을 촉진할 수 있는데, 당신은 할 수 없었습니다. 저는 그것들이 더 혹은 덜 공정한 것이 되도록 할 수도 있는데, 당신은 할 수 없었습니다. … 저는 그것(법)이 불완전하다는 것은 알지만, 당신이 그것을 도외시했을 것이라고는 도대체 믿겨지지 않습니다. 저는 사람들을 도울 수 있습니다. 좋은 법들은, 그 최고의 상태에 이르면, 사랑하라고 가르칩니다. 저는 그것이 우리가 할 수 있는 모든 것이라고 생각했습니다. …
　당신은 다른 위대한 종교 지도자들에 비해 현실 한가운데 있는 사람들의 삶과, 그들의 고통, 아픔, 그리고 슬픔을 더 잘 배려했었던 것 같습니다. 만약 우리가 삶을 아름답게 살고자 한다면, 그것은 우리가 가진 온갖 아름다운 도구들을 사용하여 다른 사람들을 위해 가능성을 열어두어야 한다는 것을 의미하는 것이 아니겠습니까? 이것은 당신의 경우에도 마찬가지가 아니겠습니까? …

당신이 당시에 사용했던 말들이 지금의 상황에서 저에게는 타당치 않을 수 있는 것입니까? 서로 사랑하라는 의도가 이제는 낡은 것이 되었다는 것을 저는 믿을 수 없습니다. …

제가 점점 두려워지는 것은, 당신은 많은 경우, 사람의 입맛에 맞춘 희석된 본문--저도 간혹 이것을 무턱대고 받아 들인 적이 있습니다--을 말했던 것이 아니라, 정확히 당신이 의도했던 것을 말했다고 하는 것입니다. 당신이 "가난한 사람은 복이 있다. 그들은 손을 더럽히지 않은 유일한 사람들이기 때문이다."라고 말했을 때, 당신은 정확히 문자 그대로를 의미했던 것이라고 크로산 박사는 저를 확신시키려 했습니다. 이것은 편안한 메시지도, 입에 맞는 메시지도 아니며, 또한 그러한 종류의 많은 사례들 가운데 하나일 뿐입니다. 더욱 곤란하게 만드는 것은, 크로산 박사가--최소한 생물학적 의미에서--당신을 한 인간으로, 즉 다른 사람들과 마찬가지로 물리의 법칙을 따르는 평범한 한 인간으로 보고 있는 당신의 추종자들 가운데 하나라는 사실입니다. 하지만 이것은, 최소한 제 생각에는, 당신의 지위를 낮추기보다는 오히려 높여줍니다. 이것은 한 개인이 E.T.와 같은 존재로부터 어떤 도움을 받지 않고도 당신같이 살 수 있고, 또한 어쩌면 당신처럼 죽는 것도 가능하다는 것을 의미합니다. 이러한 생각들은 사람을 불편하게 만듭니다.…

저는 세 가지를 여쭙기로 마음을 정했습니다: (1) 당신은 당신의 시공간 속에서 무엇을 당신 생애의 계획으로 제시했습니까?(크로산 박사님은 이 점에서 매우 도움이 되는데, 저는 그 중에 일리가 있다고 생각되는 것들을 받아들였습니다); (2) 그 메시지를 어떻게 저에게 그리고 오늘날에 이해될 수 있게 번역할 수 있겠습니까?(크로산 박사님은 여기에서도 도움이 되지만, 그는 이 문제에서 더 많은 작업을 할 수 있었을 것이라고 봅니다.… 혹 또 다른 책을 저술할 수도 있겠지요?); (3) 제가 위의 (2)번 물음에 무난하게 잘 대답할 수 있다면, 저는 한 가지 더 묻고 싶습니다: 저는 당신과 일치하고 있는 것입니까? 제가 그럴 수 있을까요--혹은, 좀 더 정직하게 말해서, 저는 과연 일치하기를 바라는 것일까요?

저는 저의 대답들이 아주 탐탁치 않은 것이 될지 모른다는 불길한 느낌을 갖고 있습니다. 그러나 저는 복음서에 나타난 당신의 말씀들이 실제로는 당신이 하신 말씀들이 아니었다고 둘러대기보다는, 차라리 "예수님, 당신이 틀렸습니다."(아무리 이것이 불경스럽게 들린다 할지라도)라고 말할 것입니다. 저는 또한 당신이 요구한 것을 하지 않는 위선자가 되기보다는, 차라리 "저는 당신이 요구하는 대로 할 수 없습니다."라고 말할 때에, 저 스스로 보다 (약간은) 편안해질 수 있을 것이라고 생각합니다. 당신이 가르치실 때에도, 위선자보다는 오히려 연약한 사람을 더 용납하셨던 것으로 보입니다. …

오하이오로부터 한 여성이